UEFA
EURO2024
GERMANY

Publié pour la première fois en 2024 par Welbeck
Une marque de Headline Publishing Group.

Pour l'édition française, réalisée par Hachette Livre, département Marabout

Adaptation de couverture : Thierry Sestier
Traduction : Aurélien Sagnier
Mise en pages : Chimène De
Relecture et correction : La Machine à mots

6455229
ISBN 978-2-501-18562-2
Dépôt légal : mai 2024
Imprimé en Italie

FSC
www.fsc.org
MIX
Papír | Podporujeme zodpovědné lesnictví
FSC® C023419

UEFA
EURO2024
GERMANY

LE GUIDE OFFICIEL

JOUEURS STARS • ANALYSE DÉTAILLÉE DES ÉQUIPES • STATISTIQUES CLÉS
TABLEAU DE L'AVANCEMENT DU TOURNOI • CARTE DES DIFFÉRENTS STADES

Keir Radnedge

SOMMAIRE

UEFA
UEFA
EUROPEAN FOOTBALL
CHAMPIONSHIP
© UEFA 2022

INTRODUCTION

L'UEFA EURO 2024 nous promet un mois de football spectaculaire de haute qualité au sein des frontières d'un seul pays, l'Allemagne. Cette phase finale sera également une célébration de la liberté retrouvée du tournoi, après la dernière édition marquée par les restrictions liées à la pandémie qui ont compliqué la vie des fans, des joueurs et des équipes.

Dix des plus beaux stades d'Europe ont été approuvés pour accueillir ce 17e tournoi et la qualité des joueurs des 24 associations nationales participantes est telle que la compétition attirera l'attention des amateurs de football non seulement en Europe, mais dans le monde entier.

L'Allemagne va accueillir le tournoi seule pour la deuxième fois, après en avoir été l'hôte en 1988, avant sa réunification. Elle a également participé à l'édition paneuropéenne de l'EURO 2020. Munich a été le cadre de trois matches de phase de groupes et d'un quart de finale. C'est en septembre 2018 que l'Allemagne a été sélectionnée comme pays hôte pour 2024 par le Comité exécutif de l'UEFA. Son dossier de candidature répondait « confortablement aux attentes générales dans les domaines politique, de responsabilité sociale, de durabilité et des droits humains. »

Le pays hôte lancera les festivités à Munich le 14 juin, tandis que le tournoi se terminera en apothéose exactement un mois plus tard, le 14 juillet à l'Olympiastadion de Berlin. Le format des dernières éditions sera conservé : six groupes de quatre équipes, dont les deux premiers sont qualifiés pour les 8es de finale, en compagnie des quatre meilleurs troisièmes. Les quarts de finale, les demi-finales et la finale se disputeront lors des 10 derniers jours de la compétition. Il n'y aura pas de match pour la troisième place : cette rencontre de classement a été abandonnée après 1980.

CI-DESSUS : *FUSSBALLLIEBE* (« amour du football » en allemand) sera le ballon de match officiel de l'UEFA EURO 2024. Il est doté de la technologie Adidas Connected Ball, dont les données sur chaque mouvement du ballon contribuent au processus de prise de décision des arbitres assistants vidéo

Le sport le plus populaire du monde s'est inspiré de sa tradition à chaque évolution de l'EURO. C'est un Français qui est à l'origine du tournoi : Henri Delaunay rêvait d'un Championnat d'Europe, et c'est sous son impulsion notamment que l'UEFA a été créée au milieu des années 1950. Le magnifique trophée a été baptisé en son honneur. La France a accueilli la phase finale inaugurale en 1960, une première édition qui a vu l'Union soviétique battre la Yougoslavie en finale dans le Parc des Princes d'origine. Au départ, la phase finale était disputée par quatre équipes, avec deux demi-finales, un match pour la 3e place et la finale. En 1980, l'UEFA a élargi les festivités en portant le nombre de participants à huit équipes. Seize ans plus tard, lors de l'EURO '96 en Angleterre, le tournoi est passé à un format à 16 pays. Sa popularité grandissante a été accompagnée par une expansion à 24 équipes en 2016 en France.
Afin de partager encore plus largement le plaisir, l'UEFA a encore étendu le potentiel de participation pour l'ensemble de la famille du football européen. L'EURO 2020 a été la première édition à incorporer la nouvelle UEFA Nations League dans son système de qualification. Ce concept a été conservé pour attribuer les 23 qualifiés pour l'EURO 2024 en plus de l'Allemagne, tête de série en sa qualité de pays hôte. Le football européen regorge de talents, comme l'illustre le fait que 10 nations différentes aient inscrit leur nom au palmarès. Les pays les plus titrés sont l'Allemagne et l'Espagne, avec trois sacres chacun – même si les deux premiers de la Mannschaft ont été remportés par la RFA en 1972 et 1980. La France compte deux couronnes, tout comme l'Italie, championne en titre. Les *Azzurri* ont battu l'Angleterre aux tirs au but au terme d'un match nul 1-1 lors de la finale de l'EURO 2020 repoussé, en juillet 2021, à Wembley.

CI-DESSUS : les joueurs italiens et leur sélectionneur Roberto Mancini fêtant leur sacre à l'UEFA EURO 2020 à Wembley, le deuxième des *Azzurri*, 53 ans après le premier

UEFA
EURO2024
GERMANY

BIENVENUE À L'UEFA EURO 2024

La 17e édition de l'EURO de l'UEFA organisé cette année fera vibrer les fans dans 10 villes réparties aux quatre coins de l'Allemagne. Depuis le tournoi inaugural de 1960, 10 équipes ont soulevé le tant convoité trophée Henri Delaunay et la phase finale 2024 se déroulera dans 10 hauts lieux du football allemand : Berlin, Cologne, Dortmund, Francfort, Gelsenkirchen, Hambourg, Leipzig, Munich, Stuttgart et Düsseldorf.

L'HISTOIRE DE L'EURO

Le Championnat d'Europe de football de l'UEFA a été inauguré avec une formule à 17 participants, mais il est rapidement devenu un pilier du football international au cours de ses 66 ans d'existence, depuis qu'Anatoli Iline a inscrit le premier but historique de la compétition le 28 septembre 1958, au cours d'une victoire 3-1 de l'Union soviétique sur la Hongrie.

Le lancement du Championnat d'Europe a été accueilli avec prudence par de nombreux pays. Mais, même les absents initiaux comme l'Angleterre, l'Italie et la RFA ont rapidement reconnu l'importance de cette compétition initialement baptisée Coupe d'Europe des Nations.

L'édition 1960 a été organisée en matches aller-retour à élimination directe. L'URSS a inscrit le premier but d'une phase finale qu'elle a dominée. Celle-ci était organisée en France, un hommage à Henri Delaunay, ancien secrétaire de la Fédération française de football qui a initié la création de la compétition.

Quatre nations ont disputé le premier EURO. La France, pourtant privée de Raymond Kopa et Just Fontaine sur blessure, est passée tout près d'atteindre la finale, mais elle a encaissé trois buts de la Yougoslavie en quatre minutes pour s'incliner à 4-2 sur le fil.

L'Union soviétique du légendaire gardien Lev Yashin a battu la Tchécoslovaquie 3-0 pour atteindre la finale inaugurale disputée dans le Parc des Princes d'origine. La finale s'est décidée en prolongation, sur un but de Viktor Ponedelnik.

En 1964, l'URSS a de nouveau atteint la finale, cette fois en Espagne. La Hongrie et le Danemark complétaient le tableau final avec le pays hôte. La *Roja* avait décidé de miser sur une génération de jeunes joueurs formés au pays, dont Luis Suárez, fraîchement sacré champion d'Europe avec l'Inter Milan. L'Espagne a battu la Hongrie en prolongation en demi-finale, avant de détrôner l'URSS en s'imposant 2-1 à l'Estadio

Santiago Bernabéu grâce à des buts de Jesús María Pereda et de Marcelino.

L'EURO 1968 a vu le tournoi de qualification converti en minichampionnats. Sur leurs terres, c'est à pile ou face que les *Azzurri* battaient l'Union soviétique en demi-finale, avant de remporter la finale 2-0 contre la Yougoslavie, sur des buts de Luigi Riva et Pietro Anastasi.

En 1972, l'Union soviétique atteignait sa troisième finale en quatre éditions, mais elle ne faisait pas le poids face à la RFA de Gerd Müller, auteur d'un doublé dans cette finale remportée 3-0. La défense du titre allemand en 1976 s'est terminée sur un moment iconique en Yougoslavie. Un tir au but lobé d'Antonín Panenka devenu mythique permettait à la Tchécoslovaquie d'être sacrée (2-2, t.a.b 5-3).

L'édition 1980 marquait l'introduction d'un format à huit équipes. La RFA était sacrée en Italie, avant que la France ne remporte son premier titre en 1984, guidée par un Michel Platini capitaine et auteur de neuf buts. Les Pays-Bas inscrivaient leur nom au palmarès en 1988, puis le Danemark créait la surprise en 1992, après avoir été convoqué à la dernière minute pour remplacer la Yougoslavie, suspendue.

Le tournoi disputé en Angleterre en 1996 a été la première phase finale à 16 équipes. L'Allemagne s'y est imposée pour la troisième fois (et la dernière à ce jour) en battant la République tchèque 2-1 avec un but en or en finale.

L'expérimentation du but en or voyait le match s'arrêter dès qu'un but était inscrit en prolongation. Il s'est révélé de nouveau décisif quatre ans plus tard, lorsque la France a battu l'Italie grâce au but en or de David Trezeguet dans la finale 2000 à Rotterdam. Cette règle était modifiée en 2004, le but en or cédant sa place au but en argent : le match se poursuivait jusqu'à la prochaine interruption programmée. La Grèce en profitait pleinement : cet outsider éliminait la République tchèque sur un but en argent en demi-finale, avant de gâcher la fête du Portugal, qui s'inclinait 1-0 à Lisbonne. Dans l'équipe du pays hôte figurait un jeune Cristiano Ronaldo de 19 ans.

En 2008, plus de but en argent ni en or : en Autriche et en Suisse, c'est l'Espagne qui était titrée, en battant l'Allemagne 1-0 en finale. La *Roja* de Luis Aragonés devenait la deuxième équipe (après la France en 1984) à remporter tous ses matches dans une phase finale.

Ce succès lançait Iker Casillas et ses coéquipiers vers un triplé historique. Vicente del Bosque succédait à Aragonés pour mener l'Espagne au sacre à la Coupe du monde de la FIFA 2010, puis à l'EURO 2012 en Pologne et en Ukraine. Des buts signés David Silva, Jordi Alba, Fernando Torres et Juan Mata offraient la victoire 4-0 contre l'Italie dans la finale de Kyiv.

L'édition 2016 a vu l'expansion du tournoi à 24 équipes, et la France devenir le deuxième pays hôte à s'incliner en finale. Le Portugal (et Ronaldo) ont pris leur revanche sur 2004 en battant les *Bleus* 1-0 en prolongation au Stade de France.

L'édition suivante a été hors normes. Pour fêter le 60e anniversaire de l'UEFA, la phase finale 2020 devait se disputer à travers l'Europe, mais elle a été repoussée en 2021 pour cause de pandémie de Covid-19. Et, même là, elle a dû se disputer devant un public restreint dans les 11 villes hôtes.

Cela n'a toutefois pas suffi à diminuer la dramaturgie de cette phase finale qui a vu quatre séances de tirs au but, en plus de quatre autres matches décidés en prolongation. L'Italie a fait preuve d'un sang-froid remarquable pour s'imposer aux tirs au but contre l'Espagne en demie, puis de nouveau contre l'Angleterre en finale à Wembley. « Nous avons réalisé quelque chose d'extraordinaire », a déclaré le gardien Gianluigi Donnarumma après la finale, faisant écho à tous les vainqueurs du Championnat d'Europe dans ses 61 années d'histoire.

CI-CONTRE : les joueurs grecs fêtent leur victoire surprise à l'EURO 2004

À DROITE : Albärt l'ours en peluche a été sélectionné l'an dernier comme mascotte de l'EURO 2024

LES STADES

Les 10 villes qui accueilleront les fans pour l'UEFA EURO 2024 possèdent une riche expérience dans l'organisation de festivités du football, depuis l'édition 1988 de cette compétition et les Coupes du monde de la FIFA 1974 et 2006. Le tournoi de cette année débutera à la Munich Football Arena et atteindra son apogée à l'Olympiastadion Berlin.

1. BERLIN (OLYMPIASTADION BERLIN)
2. COLOGNE (COLOGNE STADIUM)
3. DORTMUND (BVB STADION DORTMUND)
4. DÜSSELDORF (DÜSSELDORF ARENA)
5. FRANCFORT (FRANKFURT ARENA)
6. GELSENKIRCHEN (ARENA AUFSCHALKE)
7. HAMBOURG (VOLKSPARKSTADION HAMBURG)
8. LEIPZIG (LEIPZIG STADIUM)
9. MUNICH (MUNICH FOOTBALL ARENA)
10. STUTTGART (STUTTGART ARENA)

BERLIN
OLYMPIASTADION BERLIN

CAPACITÉ : 71 000 places
MATCHES : 15 juin : Espagne-Croatie, 21 juin : Vainqueur des barrages A-Autriche, 25 juin : Pays-Bas – Autriche, 29 juin : 8e de finale, 6 juillet : quart de finale et 14 juillet : finale

L'Olympiastadion Berlin, l'un des stades historiques mondiaux, accueillera six matches, dont la finale. Il a été construit au sein de l'Olympiapark en 1931, lorsque la ville a reçu les Jeux olympiques de 1936. Le club voisin du Hertha BSC y a emménagé après la création de la Bundesliga allemande en 1963, et, 11 ans plus tard, il a accueilli trois matches de la Coupe du monde de la FIFA 1974. Après des rénovations importantes en 2004, la Coupe du monde y est revenue en 2006, pour la finale en plus de cinq autres rencontres. Berlin a également vu Barcelone battre la Juventus 3-1 en finale de l'UEFA Champions League 2015.

COLOGNE
COLOGNE STADIUM

CAPACITÉ : 43 000 places
MATCHES : 15 juin : Hongrie-Suisse, 19 juin : Écosse-Suisse, 22 juin : Belgique-Roumanie, 25 juin : Angleterre-Slovénie, 30 juin : 8e de finale

Le Cologne Stadium accueillera cinq matches. Cette enceinte a succédé au Müngersdorfer Stadium, l'antre du FC Köln. À l'origine, le Sportpark Müngersdorf avait été construit entre 1921 et 1923 : c'était le plus grand stade d'Allemagne avant que le Stade olympique de Berlin soit achevé en 1936. Un nouvel écrin de 61 000 places a été inauguré en 1975, avant d'accueillir deux rencontres du Championnat d'Europe 1988 suivi de la construction d'un stade en 2004. Quatre matches de phase de groupes et un 8e de finale du Mondial 2006 s'y sont déroulés. Il a été rénové pour l'EURO 2024.

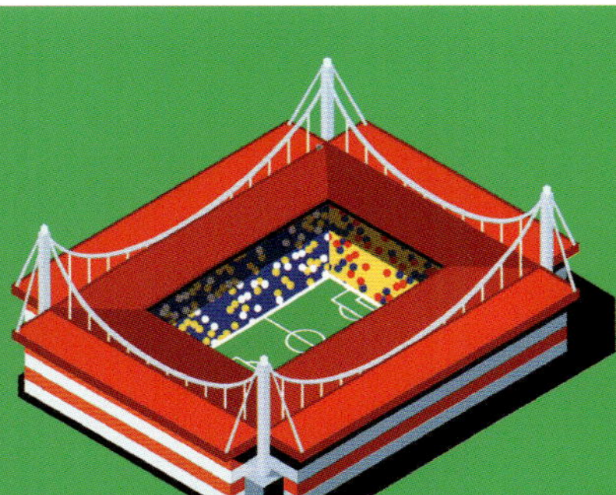

DORTMUND
BVB STADION DORTMUND

CAPACITÉ : 62 000 places
MATCHES : 15 juin : Italie-Albanie, 18 juin : Turquie-Vainqueur des barrages C, 22 juin : Turquie-Portugal, 25 juin : France-Vainqueur des barrages A, 29 juin : 8e de finale, 10 juillet : demi-finale

Dortmund accueillera six rencontres, dont une demi-finale. Ce stade abrite 62 000 places assises, voire 80 000 avec les zones debout. Le virage sud, baptisé le Gelbe Wand (Mur jaune), compte 25 000 spectateurs : c'est la plus grande tribune de ce type en Europe. La forteresse du Borussia Dortmund a été inaugurée en 1974, année où elle a accueilli quatre matches de la Coupe du monde de la FIFA, puis six lors du Mondial en Allemagne en 2006, alors que quatre tribunes de coin avaient été ajoutées. Parmi ces affiches figurait la demi-f nale perdue 2-0 par le pays hôte contre l'Italie, qui serait sacrée quelques jours plus tard.

DÜSSELDORF
DÜSSELDORF ARENA

CAPACITÉ : 47 000 places
MATCHES : 17 juin : Autriche-France, 21 juin : Slovaquie-Vainqueur des barrages B, 24 juin : Albanie-Espagne, 1er juillet : 8e de finale, 6 juillet : quart de finale

Cinq matches de l'EURO 2024 se disputeront à Düsseldorf. Le stade actuel, avec son toit rétractable, a été inauguré en 2005 après la démolition du Rheinstadion d'origine, qui avait accueilli cinq affiches de la Coupe du monde de la FIFA 1974. C'est là que s'était notamment déroulé un match de la seconde phase de groupes où la RFA avait battu la Suède 4-2 sur la route de son titre. En 2020, Düsseldorf a accueilli un quart de finale et une demi-finale de la phase finale de l'UEFA Europa League. De grandes stars s'y sont produites en concert, comme Madonna, les Rolling Stones et Bruce Springsteen.

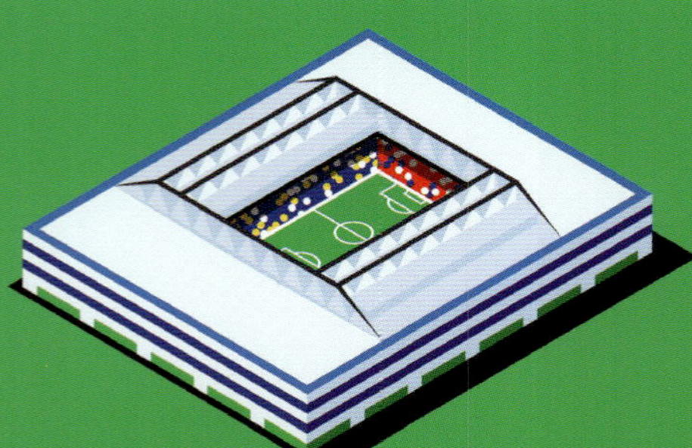

FRANCFORT
FRANKFURT ARENA

CAPACITÉ : 47 000 places
MATCHES : 17 juin : Belgique-Slovaquie, 20 juin : Danemark-Angleterre, 23 juin : Suisse-Allemagne, 26 juin : Slovaquie-Roumanie, 1er juillet : 8e de finale

La ville de Francfort est la capitale administrative du football allemand. L'actuelle Frankfurt Arena hébergera cinq matches de l'EURO 2024, prolongeant le statut historique de ce stade. Le Waldstadion d'origine a été inauguré en 1925, avant qu'une rénovation en profondeur ne porte sa capacité à 81 000 places, un record pour un club. Les fans de l'Eintracht Francfort ont vu leur écrin remodelé pour la Coupe du monde de la FIFA 1974, puis le Championnat d'Europe 1988. Suite aux travaux pour la Coupe du monde 2006, où la France a battu le Brésil 1-0 en quart de finale, il dispose d'un toit rétractable.

GELSENKIRCHEN
ARENA AUFSCHALKE

CAPACITÉ : 50 000 places
MATCHES : 16 juin : Serbie-Angleterre, 20 juin : Espagne-Italie, 26 juin : Vainqueur des barrages C-Portugal, 30 juin : 8e de finale

Inauguré en août 2001, Gelsenkirchen recevra quatre rencontres. Le stade multifonctions de Schalke dispose d'un toit et d'une pelouse rétractables, et peut accueillir 79 612 spectateurs, places debout comprises. L'Arena AufSchalke est la troisième enceinte majeure de Gelsenkirchen : elle a succédé à l'originale Glückauf-kampfbahn et à l'historique Parkstadion (bâti pour héberger cinq matches de la Coupe du monde de la FIFA 1974). En 2004, Porto y a battu Monaco 3-0 en finale de l'UEFA Champions League. Deux ans plus tard, cinq matches de la Coupe du monde 2006 s'y sont déroulés, dont le quart de finale remporté par le Portugal aux tirs au but contre l'Angleterre.

HAMBOURG
VOLKSPARKSTADION HAMBURG

CAPACITÉ : 49 000 places
MATCHES : 16 juin : Vainqueur des barrages A – Pays-Bas, 19 juin : Croatie-Albanie, 22 juin : Vainqueur des barrages C-Tchéquie, 26 juin : Tchéquie-Turquie, 5 juillet : quart de finale

Le Volksparkstadion Hamburg est l'un des plus célèbres d'Europe et cinq matches s'y disputeront. L'enceinte d'origine, l'Altonaer Stadium, a été inaugurée en 1925 avec une capacité de 50 000 places. Le Hamburger SV y a été sacré dans le championnat allemand en 1928. Reconstruit en 1953, le Volksparkstadion pouvait accueillir 76 000 spectateurs, un record en Allemagne de l'Ouest. Le stade de Rothenbaum est remplacé par le Volksparkstadion en 1963, création de la Bundesliga. De grandes rénovations ont été entreprises pour la Coupe du monde de la FIFA 1974, puis pour le Championnat d'Europe 1988. En 1994, le Mondial est retourné à Hambourg pour cinq rencontres.

LEIPZIG
LEIPZIG STADIUM

CAPACITÉ : 40 000 places
MATCHES : 18 juin : Portugal-Tchéquie, 21 juin : Pays-Bas – France, 24 juin : Croatie-Italie, 2 juillet : 8e de finale

Quatre matches de l'EURO 2024 se dérouleront au Leipzig Stadium, l'antre qu'occupe le RB Leipzig depuis 2010. L'enceinte actuelle a été bâtie pour accueillir la Coupe du monde de la FIFA 2006, sur le site de l'ancien Zentralstadion, qui pouvait contenir jusqu'à 100 000 fans. L'équipe nationale de la RDA y a disputé 48 matches entre 1957 et 1989. En 1998, la ville de Leipzig a décidé de démolir l'ancien stade et d'en construire un spécifiquement destiné au football qui a ouvert en 2004. Il a été agrandi lors de travaux menés entre 2019 et 2021 qui ont notamment vu l'ajout de nouvelles routes et passerelles piétonnes d'accès.

MUNICH
MUNICH FOOTBALL ARENA

CAPACITÉ : 66 000 places
MATCHES : 14 juin : Allemagne-Écosse, 17 juin : Roumanie-Vainqueur des barrages B, 20 juin : Slovénie-Serbie, 25 juin : Danemark-Serbie, 2 juillet : 8e de finale, 9 juillet : demi-finale

L'antre du Bayern Munich, recordman du nombre de titres de champion d'Allemagne, accueillera six matches de l'EURO 2024. La Munich Football Arena a été inaugurée un an avant d'accueillir six matches de la Coupe du monde de la FIFA 2006. Auparavant, le Bayern disputait ses matches au stade des Jeux olympiques 1974. Le revêtement extérieur du stade a été le premier d'Europe à changer de couleur. Le Bayern et le TSV 1860 Munich étaient copropriétaires du stade, avant que le Bayern n'en prenne seul la tête en 2006. Le stade a reçu la finale de l'UEFA Champions League 2012, qui a sacré Chelsea contre Bayern.

STUTTGART
STUTTGART ARENA

CAPACITÉ : 51 000 places
MATCHES : 16 juin : Slovénie-Danemark, 19 juin : Allemagne-Hongrie, 23 juin : Écosse-Hongrie, 26 juin : Vainqueur des barrages B-Belgique, 5 juillet : quart de finale

Stuttgart accueillera cinq matches de l'EURO 2024. Inaugurée en 1933, l'enceinte a été renommée Neckarstadion en 1949, du nom de la rivière qui la borde. Membre fondateur de la Bundesliga en 1963, le VfB Stuttgart y dispute ses matches à domicile. Stuttgart a accueilli quatre matches de la Coupe du monde de la FIFA 1974 et deux lors du Championnat d'Europe 1988, dont la demi-finale perdue 2-0 par l'Italie contre l'Union soviétique. Huit ans plus tard, Stuttgart recevait six rencontres du Mondial 2006, dont le match pour la troisième place remporté 3-1 par l'Allemagne sur le Portugal.

EURO2024
GERMANY

1960

Moments magiques :

VIKTOR VICTORIEUX

10 juillet 1960/Paris

Viktor Ponedelnik a fait rimer Viktor avec victoire en menant l'Union soviétique au sacre dans l'édition inaugurale de la Coupe d'Europe des Nations en France. Âgé de 23 ans, Ponedelnik était l'attaquant star du SKA Rostov-sur-le-Don. Il a réalisé un triplé pour sa première sélection, un match amical contre la Pologne en mai 1960, pour décrocher sa place dans l'équipe pour la phase finale. En France, Ponedelnik a marqué le dernier but de l'URSS lors de la demi-finale remportée 3-0 sur la Tchécoslovaquie à Marseille, puis le but décisif en finale, une victoire 2-1 contre la Yougoslavie à Paris. Cette rencontre est allée en prolongation, de telle manière qu'il était alors lundi, heure de Moscou, lorsque Ponedelnik a écrit l'histoire. Il a raccroché les crampons après 20 buts en 29 sélections pour l'Union soviétique, avant de devenir un journaliste et éditeur sportif de renom.

À DROITE : le défenseur yougoslave Vladimir Durković au duel avec l'attaquant soviétique Viktor Ponedelnik en finale 1960 au Parc des Princes à Paris

UBONNET
L'EQUIPE
U.R.S.S.
YOUGOSLAVIE
Vespa

UEFA
EURO2024
GERMANY

EN ROUTE POUR LA PHASE FINALE

Les 53 équipes nationales éligibles de la famille du football européen ont commencé la compétition de qualification de l'UEFA EURO 2024 début 2022 avec des rêves de gloire. Pour certaines nations, il s'agissait d'un premier pas crucial pour rejoindre l'Allemagne, pays hôte. Pour d'autres, cela représentait l'occasion de surprendre l'un des géants du football européen. Surprises, suspense et intensité étaient naturellement au menu.

QUALIFICATIONS
GROUPES A, B, C et D

GROUPE A

- Chypre
- Géorgie
- Norvège
- Écosse
- Espagne

L'Espagne a remporté le Groupe A, devant l'Écosse. La *Roja* a subi une seule défaite : un revers 2-0 lors de la 2e journée, en Écosse, sur un doublé de Scott McTominay. La Tartan Army menée par Steve Clarke s'est ensuite imposée 2-1 en Norvège puis 2-0 contre la Géorgie pour terminer le printemps en tête de sa poule, avec quatre victoires en quatre matches. L'automne a marqué le retour de l'Espagne, qui s'est offert quelques festivals offensifs. Elle l'a emporté 7-1 en Géorgie (avec un triplé d'Álvaro Morata), 6-0 contre Chypre, puis 2-0 face à l'Écosse pour prendre les commandes du groupe. Morata et Oihan Sancet ont inscrit les buts cruciaux en fin de match à Séville. Au final, Espagne et Écosse ont décroché leur billet pour l'Allemagne à deux journées de la fin. La *Roja* a assuré sa qualification avec une victoire 1-0 en Norvège, sur un but de Gavi. Ce résultat qualifiait incidemment l'Écosse, qui ne pouvait alors plus être rejointe par la Norvège, et retrouvait la phase finale pour la deuxième fois d'affilée. La Géorgie, pourtant 4e, se qualifiait pour les barrages *via* son classement en UEFA Nations League. La Norvège d'Erling Haaland était donc éliminée, malgré sa 3e place. McTominay a terminé meilleur buteur du groupe avec sept réalisations.

À DROITE : le milieu écossais Scott McTominay a été le meilleur buteur du Groupe A avec sept buts

GROUPE B

- France
- Gibraltar
- Grèce
- Pays-Bas
- République d'Irlande

Tout juste finaliste malheureux de la Coupe du monde de la FIFA 2022 au Qatar, avec une défaite aux tirs au but contre l'Argentine, la France a démontré sa détermination en dominant le Groupe B dès le départ. Les *Bleus* ont remporté leurs sept premiers matches et terminé avec un nul 2-2 en Grèce. Ils ont remporté leur groupe avec quatre points d'avance sur les Pays-Bas, tandis que la Grèce s'est qualifiée en barrages à la faveur de son classement en Nations League. Les hommes de Didier Deschamps ont terminé avec une différence de buts spectaculaire de +26, grâce en partie à une victoire 14-0 sur Gibraltar à Nice – un record pour la France, comme pour la compétition – avec notamment un triplé du capitaine Kylian Mbappé, et des doublés signés Kingsley Coman et Olivier Giroud. Warren Zaïre-Emery a établi ce soir-là un record de précocité en honorant sa première sélection à 17 ans et huit mois, ce qu'il a fêté en marquant lui aussi. Les Néerlandais avaient mal commencé, avec une défaite 4-0 en France, mais n'ont perdu qu'un autre match dans leur campagne, 2-1 face... aux *Bleus*. Mbappé a été le joueur le plus prolifique du groupe avec neuf buts, devant l'attaquant grec Georgios Masouras (quatre).

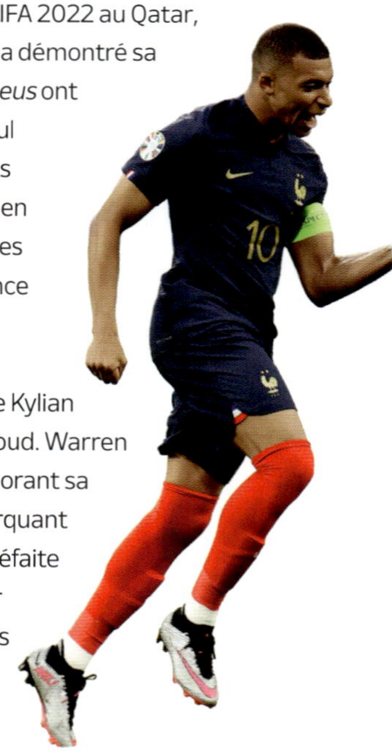

À DROITE : le capitaine français Kylian Mbappé a survolé le classement des buteurs du Groupe B avec neuf réalisations

GROUPE C

- Angleterre
- Italie
- Malte
- Macédoine du N.
- Ukraine

Le Groupe C était particulièrement relevé, avec l'Italie championne d'Europe et l'Angleterre finaliste de l'UEFA EURO 2020, ainsi que l'Ukraine et la Macédoine du Nord, où les *Azzurri* avaient été éliminés en barrages de la Coupe du monde de la FIFA 2022. Au final, l'Angleterre a dominé la poule, terminant avec six points d'avance sur l'Italie. Les *Azzurri* ont arraché la deuxième place à l'Ukraine sur un fil, uniquement grâce à leurs confrontations particulières, au terme d'une ultime journée à suspense. Le parcours des *Three Lions* aura été plus serein, avec une qualification obtenue à deux matches de la fin, avec une victoire 3-1 sur l'Italie à Wembley – une première depuis 1977 – grâce au but de Marcus Rashford et au doublé de Harry Kane, qui inscrivait là son 24e but à Wembley, soit un de plus que le record détenu par Sir Bobby Charlton. Les Anglais complétaient là un fameux doublé, car le mois précédent, ils s'étaient imposés en Italie pour la première fois depuis 1961. Lors de la dernière journée, l'Italie s'est qualifiée grâce à un match nul 0-0 tendu contre l'Ukraine, au bénéfice des confrontations particulières. En guise de consolation, l'Ukraine a décroché son billet pour les barrages.

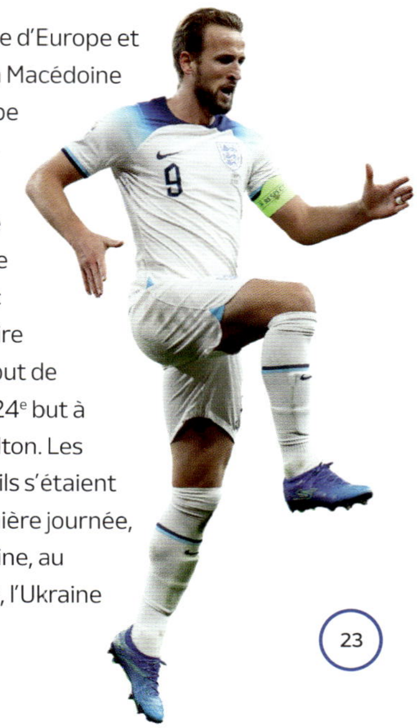

À DROITE : meilleur buteur du Groupe C avec huit unités, Harry Kane a mené l'Angleterre par l'exemple

GROUPE D

- Arménie
- Croatie
- Lettonie
- Turquie
- Pays de Galles

Le Groupe D a livré un scénario tendu et imprévisible, qui a vu la Turquie prendre la première place devant la Croatie, pourtant 3e de la Coupe du monde 2022. Le Pays de Galles, qui avait participé à l'EURO 2016 et 2020 ainsi qu'au Mondial au Qatar, a perdu sa belle dynamique en fin de course, mais se consolera avec une place en barrages, à la faveur de son classement en Nations League. Les Turcs se sont lancés en quête d'une troisième participation consécutive à la phase finale en s'imposant 2-1 en Arménie, avant de s'incliner 2-0 à domicile contre la Croatie, sur un doublé de Mateo Kovačić. Ils ont rebondi au printemps avec des succès sur la Lettonie et les Gallois, puis ont fait un grand pas vers l'Allemagne en allant s'imposant 1-0 en Croatie, grâce à un but de Barış Alper Yılmaz, l'attaquant de Galatasaray. De leur côté, les Gallois ont entretenu leurs espoirs de qualification directe avec une victoire 2-1 contre la Croatie, sur un doublé de Harry Wilson, l'ailier de Fulham. Ils ont toutefois peiné en fin de campagne, concluant par deux matches nuls 1-1, en Arménie et contre la Turquie. Le meilleur buteur du groupe aura été Andrej Kramarić, l'attaquant croate d'Hoffenheim, avec quatre réalisations.

À DROITE : Andrej Kramarić a terminé meilleur buteur du Groupe D en marquant quatre des 13 buts de la Croatie

QUALIFICATIONS
GROUPES E, F, G et H

GROUPE E

- Albanie
- Tchéquie
- Îles Féroé
- Moldavie
- Pologne

La Pologne a commencé le Groupe E en favorite. Elle venait d'atteindre les 8es de finale de la Coupe du monde de la FIFA au Qatar et était menée par Robert Lewandowski, qui empilait des records de buts en Bundesliga ainsi que les récompenses individuelles. Mais le football est un sport collectif et c'est la régularité de l'Albanie et de la Tchéquie qui a été récompensée. Les Polonais ont dû se satisfaire d'une place en barrages. L'Albanie avait participé à une seule phase finale du Championnat d'Europe, en 2016. Elle a commencé par une défaite 1-0 en Pologne, avant d'enchaîner quatre victoires et deux nuls au cours de ses six matches suivants, décrochant sa qualification avec un nul 1-1 en Moldavie. Les Albanais y avaient ouvert le score à la 25e minute sur un penalty de Sokol Cikalleshi, avant de concéder l'égalisation de Vladyslav Baboglo en fin de match. Les hommes de Sylvinho se sont ensuite assuré de la première place avec un 0-0 face aux Îles Féroé. Les rêves de qualification de la Moldavie ont été brisés par une défaite 3-0 contre la Tchéquie, qui s'emparait de la 2e place à l'ultime journée. Le classement des buteurs du groupe a été remporté par l'attaquant moldave Ion Nicolaescu.

À DROITE : pour une fois, Robert Lewandowski n'a pas été le meilleur buteur de ce groupe. L'honneur est revenu au Moldave Ion Nicolaescu

GROUPE F

- Autriche
- Azerbaïdjan
- Belgique
- Estonie
- Suède

La Belgique et l'Autriche ont empoché les deux billets directs pour l'Allemagne, tandis que la Suède, qui nourrissait pourtant de grands espoirs, a été éliminée malgré sa 3e place. L'ultime match, disputé en Belgique, a été arrêté à la mi-temps après l'assassinat tragique de deux supporteurs suédois dans une attaque terroriste à Bruxelles. L'UEFA a validé le score à la pause (1-1), comme le résultat ne pouvait pas affecter le classement du groupe. Les *Diables rouges* ont fait partie des trois premières équipes à se qualifier simultanément, avec la France et le Portugal. Une victoire 3-2 en Autriche a validé leur qualification à deux matches de la fin. Romelu Lukaku, auteur du but de la victoire belge, a terminé la campagne avec 14 réalisations, dont quatre inscrits lors du dernier match, face à l'Azerbaïdjan (5-0). Lukaku établissait là un nouveau record, dépassant les 13 buts de David Healy en 2008 pour l'Irlande du Nord et de Robert Lewandowski pour la Pologne en 2016. L'Autriche a terminé à un point de la Belgique, après avoir conclu cette phase par un succès 2-0 en Estonie. Le pays balte s'est qualifié pour les barrages grâce à son classement en UEFA Europa League, alors qu'il avait terminé dernier de son groupe.

À DROITE : l'attaquant belge Romelu Lukaku a été le meilleur buteur du Groupe F – et de l'histoire des éliminatoires – avec 14 buts

GROUPE G

- Bulgarie
- Hongrie
- Lituanie
- Monténégro
- Serbie

La Hongrie et la Serbie se sont qualifiées au sein de l'unique groupe à ne pas envoyer d'équipe en barrages. Les Hongrois dirigés par Marco Rossi ont ainsi décroché leur troisième billet consécutif pour l'EURO, tandis que les Serbes ont assuré leur première participation depuis 2000, lorsqu'ils avaient atteint les quarts de finale en tant que Serbie-et-Monténégro. Les *Magyars* ont parfaitement commencé en remportant quatre de leurs cinq premiers matches d'une campagne qu'ils ont terminée invaincus. Leurs succès les plus importants ont sans doute été les victoires 2-1 contre la Serbie, à domicile comme à l'extérieur. Barnabás Varga a marqué dans les deux matches. De leur côté, les Serbes ont dû patienter jusqu'à la dernière journée pour valider leur qualification. Les hommes de Dragan Stojković ont arraché le nul 2-2 contre la Bulgarie grâce à une tête de Srđjan Babić à la 82e minute, tandis que le Monténégro s'inclinait 2-1 contre une Hongrie portée par un doublé de son capitaine Dominik Szoboszlai. La Bulgarie a donc terminé dernière du groupe, derrière respectivement le Monténégro et la Lituanie. L'attaquant serbe Aleksandar Mitrović a été le joueur le plus prolifique du groupe avec cinq buts.

À DROITE : Aleksandar Mitrović a terminé meilleur buteur du Groupe G avec cinq buts pour la Serbie

GROUPE H

- Danemark
- Finlande
- Kazakhstan
- Irlande du Nord
- Saint-Marin
- Slovénie

Le Groupe H a été le plus disputé des éliminatoires. Les quatre premiers se tenaient en quatre points seulement avant la dernière journée. Les deux premières places (entre le Danemark et la Slovénie) et les deux suivantes (entre la Finlande et le Kazakhstan) se sont décidées respectivement aux confrontations particulières et à la différence de buts. Les Danois étaient les favoris, forts de leur demi-finale à l'EURO 2020. Pourtant, leur qualification n'a pas été un long fleuve tranquille, malgré leur victoire initiale 3-1 sur la Finlande grâce à un triplé de sa jeune star, l'attaquant Rasmus Højlund. Ils se sont ensuite inclinés 3-2 au Kazakhstan, ont battu l'Irlande du Nord seulement 1-0, puis ont été tenus en échec 1-1 en Slovénie. Les hommes de Kasper Hjulmand ont alors remporté leurs cinq derniers matches pour s'adjuger la première place avec une victoire 2-1 sur la Slovénie, avec des buts décisifs signés Joakim Mæhle et Thomas Delaney. De leur côté, les Slovènes ont arraché leur qualification en s'imposant 2-1 face au Kazakhstan grâce aux buts de Benjamin Šeško et Benjamin Verbič. L'unique participation précédente de la Slovénie à l'EURO remontait à l'édition 2000, tandis que son dernier tournoi majeur était la Coupe du monde 2010. Højlund a été le meilleur buteur du groupe avec sept réalisations.

À DROITE : l'attaquant danois Rasmus Højlund a été le joueur le plus prolifique du Groupe H, avec sept buts

QUALIFICATIONS
GROUPES I et J

GROUPE I

- Andorre
- Bélarus
- Israël
- Kosovo
- Roumanie
- Suisse

La Roumanie a décroché son billet pour l'Allemagne en parvenant le tour de force de rester invaincue. Elle a fait un grand pas en arrachant un match nul 2-2 chez la Suisse, son rival le plus dangereux, dans le dernier match du printemps. La *Nati* menait pourtant 2-0 à Lucerne à quelques minutes du terme, avant que Valentin Mihăilă n'inscrive un doublé pour égaliser dans le temps additionnel. À l'automne, les Roumains ont validé leur qualification à deux journées de la fin en s'imposant 2-1 sur Israël. Eran Zahavi avait entretenu les chances israéliennes de qualification directe, mais la Roumanie a répondu par George Pușcaș et Ianis Hagi pour atteindre sa première phase finale de tournoi majeur depuis 2016. Dans le même temps, la Suisse obtenait son sésame malgré un nul 1-1 à domicile contre le Kosovo. Les Roumains remportaient ensuite la première place du groupe avec une victoire 1-0 à Bucarest face à leur dauphin suisse, lors de la dernière journée, grâce à un but signé Denis Alibec. Israël s'est qualifié pour les barrages à la faveur de son classement en UEFA Nations League. Le titre honorifique de meilleur buteur du groupe est revenu à Zeki Amdouni, l'attaquant suisse auteur de six réalisations.

À DROITE : Zeki Amdouni a été le joueur le plus prolifique du Groupe I, grâce à ses six buts pour la Suisse

GROUPE J

- Bosnie-Herzégovine
- Islande
- Liechtenstein
- Luxembourg
- Portugal
- Slovaquie

Le Liechtenstein est l'unique des six équipes du Groupe J à avoir été éliminée. Le Portugal et la Slovaquie se sont qualifiés directement pour l'UEFA EURO 2024 en terminant aux deux premières places, tandis que le Luxembourg, l'Islande et la Bosnie-Herzégovine ont décroché leur billet pour les barrages grâce à leur classement respectif en Nations League. Le Portugal est l'une des six nations à avoir terminé les éliminatoires invaincues, la seule à avoir gagné tous ses matches. C'est également la meilleure attaque, avec 36 buts en 10 matches, en partie grâce à sa victoire record 9-0 sur le Luxembourg à Lisbonne. João Félix a conclu un festival offensif marqué par les doublés de Gonçalo Inácio, Gonçalo Ramos et Diogo Jota, ainsi que les buts de Ricardo Horta et Bruno Fernandes (auteur de trois passes décisives). Le précédent record du Portugal était un succès 8-0, un score enregistré trois fois – à deux reprises contre le Liechtenstein (1994 et 1999) et une fois contre le Koweït en 2003. Cristiano Ronaldo, suspendu pour ce match record, a néanmoins terminé meilleur buteur du groupe avec 10 réalisations. La Slovaquie, uniquement battue par le Portugal (à domicile comme à l'extérieur) a obtenu la deuxième place avec une avance confortable de cinq points sur le Luxembourg.

À DROITE : Cristiano Ronaldo a conforté sa réputation de buteur hors norme avec 10 réalisations dans ce Groupe J

CLASSEMENT FINAL DES GROUPES

GROUPE A	J	V	N	D	Bp	Bc	Diff	Pts
Espagne	8	7	0	1	25	5	+20	21
Écosse	8	5	2	1	17	8	+9	17
Norvège	8	3	2	3	14	12	+2	11
Géorgie	8	2	2	4	12	18	-6	8
Chypre	8	0	0	8	3	28	-25	0

Qualifiés pour l'EURO : **Espagne, Écosse** • En barrages *via* Nations League : **Géorgie**

GROUPE B	J	V	N	D	Bp	Bc	Diff	Pts
France	8	7	1	0	29	3	+26	22
Pays-Bas	8	6	0	2	17	7	+10	18
Grèce	8	4	1	3	14	8	+6	13
République Irlande	8	2	0	6	9	10	-1	6
Gibraltar	8	0	0	8	0	41	-41	0

Qualifiés pour l'EURO : **France, Pays-Bas** • En barrages *via* Nations League : **Grèce**

GROUPE C	J	V	N	D	Bp	Bc	Diff	Pts
Angleterre	8	6	2	0	22	4	+18	20
Italie *	8	4	2	2	16	9	+7	14
Ukraine *	8	4	2	2	11	8	+3	14
Macédoine du Nord	8	2	2	4	10	20	-10	8
Malte	8	0	0	8	2	20	-18	0

*Points en confrontations particulières : **Italie 4, Ukraine 1** • Qualifiés pour l'EURO : **Angleterre, Italie** • En barrages *via* Nations League : **Ukraine**

GROUPE D	J	V	N	D	Bp	Bc	Diff	Pts
Turquie	8	5	2	1	14	7	+7	17
Croatie	8	5	1	2	13	4	+9	16
Pays de Galles	8	3	3	2	10	10	0	12
Arménie	8	2	2	4	9	11	-2	8
Lettonie	8	1	0	7	5	19	-14	3

Qualifiés pour l'EURO : **Turquie, Croatie** • En barrages *via* Nations League : **Pays de Galles**

GROUPE E	J	V	N	D	Bp	Bc	Diff	Pts
Albanie *	8	4	3	1	12	4	+8	15
Tchéquie *	8	4	3	1	12	6	+6	15
Pologne	8	3	2	3	10	10	0	11
Moldavie	8	2	4	2	7	10	-3	10
Îles Féroé	8	0	2	6	2	13	-11	2

*Points en confrontations particulières : **Albanie 4, Tchéquie 1** • Qualifiés pour l'EURO : **Albanie, Tchéquie** • En barrages *via* Nations League : **Pologne**

GROUPE F	J	V	N	D	Bp	Bc	Diff	Pts
Belgique **	8	6	2	0	22	4	+18	20
Autriche	8	6	1	1	17	7	+10	19
Suède **	8	3	1	4	14	12	+2	10
Azerbaïdjan	8	2	1	5	7	17	-10	7
Estonie	8	0	1	7	2	22	-20	1

****Belgique-Suède arrêté définitivement à 1-1 à la mi-temps pour raisons de sécurité, score confirmé plus tard comme résultat final** • Qualifiés pour l'EURO : **Belgique, Autriche** • En barrages *via* Nations League : **Estonie**

GROUPE G	J	V	N	D	Bp	Bc	Diff	Pts
Hongrie	8	5	3	0	16	7	+9	18
Serbie	8	4	2	2	15	9	+6	14
Monténégro	8	3	2	3	9	11	-2	11
Lituanie	8	1	3	4	8	14	-6	6
Bulgarie	8	0	4	4	7	14	-7	4

Qualifiés pour l'EURO : **Hongrie, Serbie**

GROUPE H	J	V	N	D	Bp	Bc	Diff	Pts
Danemark *	10	7	1	2	19	10	+9	22
Slovénie *	10	7	1	2	20	9	+11	22
Finlande **	10	6	0	4	18	10	+8	18
Kazakhstan **	10	6	0	4	16	12	+4	18
Irlande du Nord	10	3	0	7	9	13	-4	9
Saint-Marin	10	0	0	10	3	31	-28	0

*Points en confrontations particulières : **Danemark 4, Slovénie 1** • Différence de buts globale : **Finlande +8, Kazakhstan +4** • Qualifiés pour l'EURO : **Danemark, Slovénie** • En barrages *via* Nations League : **Finlande, Kazakhstan**

GROUPE I	J	V	N	D	Bp	Bc	Diff	Pts
Roumanie	10	6	4	0	16	5	+11	22
Suisse	10	4	5	1	22	11	+11	17
Israël	10	4	3	3	11	11	0	15
Bélarus	10	3	3	4	9	14	-5	12
Kosovo	10	2	5	3	10	10	0	11
Andorre	10	0	2	8	3	20	-17	2

Qualifiés pour l'EURO : **Roumanie, Suisse** • En barrages *via* Nations League : **Israël**

GROUPE J	J	V	N	D	Bp	Bc	Diff	Pts
Portugal	10	10	0	0	36	2	+34	30
Slovaquie	10	7	1	2	17	8	+9	22
Luxembourg	10	5	2	3	13	19	-6	17
Islande	10	3	1	6	17	16	+1	10
Bosnie-Herzégovine	10	3	0	7	9	20	-11	9
Liechtenstein	10	0	0	10	1	28	-27	2

Qualifiés pour l'EURO : **Portugal, Slovaquie** • En barrages *via* Nations League : **Luxembourg, Islande, Bosnie-Herzégovine**

CLASSEMENT DES BUTEURS

14 buts :	**Romelu Lukaku** (Belgique)
10 buts :	**Cristiano Ronaldo** (Portugal)
9 buts :	**Kylian Mbappé** (France)
8 buts :	**Harry Kane** (Angleterre)
7 buts :	**Rasmus Højlund** (Danemark)
	Scott McTominay (Écosse)
6 buts :	**Erling Haaland** (Norvège)
	Bruno Fernandes (Portugal)
	Zeki Amdouni (Suisse)
5 buts :	**Georgios Masouras** (Grèce)
	Gerson Rodrigues (Luxembourg)
	Aleksandar Mitrović (Serbie)
	Benjamin Šeško (Slovénie)

LES BARRAGES DE L'EURO 2024

L'importance croissante de l'UEFA Nations League, lancée en 2017, est confortée par son rôle continu à déterminer les affiches des barrages pour les tournois majeurs.

Au départ, les 53 associations membres éligibles de l'UEFA ont été réparties en 10 groupes – sept de cinq équipes et trois de six nations. La phase de qualification s'est disputée sous la forme de minichampionnats organisés lors des trêves internationales de 2023 en mars, juin, septembre, octobre et novembre.

Les 20 vainqueurs de groupes et dauphins se sont qualifiés directement pour le tournoi final, où ils retrouvent l'Allemagne, pays hôte. Les trois dernières places ont été déterminées par des barrages en mars 2024. Ils ont été disputés par 12 équipes qui avaient remporté leur groupe au sein des Ligues A, B et C, ou étaient les mieux classées parmi celles qui n'étaient pas déjà qualifiées pour l'UEFA EURO 2024.

Douze équipes ont donc participé au tirage au sort des barrages le 23 novembre 2023 à la Maison du football européen à Nyon (Suisse).

Le concept de la Nations League avait été proposé initialement en 2011 pour utiliser les dates vacantes du calendrier international, traditionnellement utilisées pour des matches amicaux sans réel intérêt, afin de les rendre plus attractives sur les plans financier et sportif.

Les nations européennes ont été classées selon un calcul de points théoriques par match baptisé « coefficient ». La Ligue A est composée des 12 équipes les mieux classées, et ainsi de suite pour les Ligues B, C et D. Chaque ligue est divisée en quatre groupes de trois ou quatre équipes, avec un système de promotion/relégation décidant de la composition des groupes pour l'édition suivante.

L'UEFA a renforcé le statut de la Nations League en l'incluant dans le système de qualification pour l'EURO, en y mettant en jeu des places pour la phase finale.

Pour 2024, il a été décidé que trois « voies » de barrage seraient chacune composées de deux demi-finales en match sec, suivies d'une finale dont le vainqueur se qualifie pour l'EURO en Allemagne. Le système de têtes de série a permis à l'équipe la mieux classée d'accueillir la moins bien classée, et la deuxième équipe la mieux classée de recevoir la troisième. Si moins de quatre équipes d'une même Ligue participaient aux barrages, le premier emplacement disponible était attribué à l'Estonie, en tant vainqueur de la Ligue D le mieux classé.

Un tirage au sort séparé désignait l'équipe hôte de la finale. Les six demi-finales ont été programmées le 21 mars et les trois finales le 26 mars.

La Voie A des barrages est composée de deux équipes de Ligue A (Pologne et Pays de Galles), du dauphin de la Ligue B en troisième position (Finlande) et de l'Estonie issue de la Ligue D. Le tirage au sort a désigné les affiches suivantes pour les demi-finales (têtes de série entre parenthèses) : Pologne (1) - Estonie (4), Pays de Galles (2) - Finlande (3).

La Voie B des barrages comprend deux vainqueurs de la Ligue B (Israël et Bosnie-Herzégovine), ainsi que deux des trois dauphins de la Ligue B : Finlande, Ukraine et Islande désignées par tirage au sort. Les affiches de la Voie B : Israël (1) - Islande (4), Bosnie-Herzégovine (2) - Ukraine (3).

Les demi-finales de la Voie C sont disputées par trois vainqueurs de la Ligue C (Géorgie, Grèce et Kazakhstan), et d'un dauphin de groupe de la Ligue C (Luxembourg). Le tirage a désigné les affiches suivantes : Géorgie (1) - Luxembourg (4) et Grèce (2) - Kazakhstan (3).

Au sujet de la Nations League, les éditions 2018-2019, 2020-2021 et 2022-2023 se sont conclues par une finale à quatre organisée par l'un des pays finalistes. Le Portugal (pays hôte) a battu les Pays-Bas 1-0 dans la finale 2019, la France a triomphé de l'Espagne dans la finale 2021 disputée en Italie, puis l'Espagne a battu la Croatie 5-4 aux tirs au but après un score nul et vierge dans la finale 2023 aux Pays-Bas.

Lors de la prochaine édition qui débutera en septembre 2024, un tour à élimination directe viendra s'ajouter entre la fin de la phase de groupes et la phase

VOIE A

Demi-finales

21 mars 2024 – Cardiff

- Pays de Galles
- Finlande

21 mars 2024 – Varsovie

- Pologne
- Estonie

Finale

26 mars 2024 – Cardiff ou Helsinki

- Pays de Galles/Finlande
- Pologne/Estonie

VOIE B

Demi-finales

21 mars 2024 – Zenica

- Bosnie-Herzégovine
- Ukraine

21 mars 2024 – à déterminer

- Israël
- Islande

Finale

26 mars 2024 – Sarajevo ou à déterminer

- Bosnie-Herzégovine/Ukraine
- Israël/Islande

VOIE C

Demi-finales

21 mars 2024 – Tbilissi

- Géorgie
- Luxembourg

21 mars 2024 – Athènes

- Grèce
- Kazakhstan

Finale

26 mars 2024 – Tbilissi ou Luxembourg

- Géorgie/Luxembourg
- Grèce/Kazakhstan

finale. L'UEFA a précisé que cette modification avait été précédée d'une consultation approfondie avec les associations nationales et qu'elle n'ajouterait aucune date supplémentaire au calendrier international.

Aleksander Čeferin, le président de l'UEFA, a déclaré : « L'introduction de l'UEFA Nations League a été un franc succès, en remplaçant des matches amicaux par des rencontres plus compétitives. La mise en place d'une nouvelle phase à élimination directe offrira aux équipes encore plus de chances de progresser, tout en conservant le même nombre de matches au sein du calendrier international. »

TIRAGE AU SORT DE LA PHASE FINALE

Le samedi 2 décembre 2023, les sélectionneurs et les joueurs des équipes qualifiées pour l'UEFA EURO 2024 ont découvert leur programme. Le tirage au sort de la phase finale, organisé dans la salle de concert de l'Elbphilharmonie à Hambourg, a donné le coup d'envoi d'une nouvelle aventure pour toutes les nations participantes.

L'événement, présenté par Pedro Pinto et Esther Sedlaczek, a été ouvert par un prélude du ténor Jonas Kaufmann et du premier violon David Garrett, accompagnés par un orchestre et des chœurs. La scène a ensuite accueilli des légendes de pays ayant remporté la compétition pour réaliser le tirage au sort.

En sa qualité de pays hôte, l'Allemagne était tête de série n° 1 et a été automatiquement placée dans le premier des six groupes, dont les deux premiers (et les quatre meilleurs troisièmes) se qualifieront pour la phase à élimination directe.

La Mannschaft ouvrira les festivités contre l'Écosse, tandis que la Hongrie et la Suisse complètent le Groupe A. Le sélectionneur Julian Nagelsmann a participé au tirage, trois mois seulement après avoir été nommé pour succéder à Hansi Flick. L'Allemagne espère se racheter de ses éliminations précoces lors de ses trois derniers tournois majeurs.

Nagelsmann a déclaré : « Ce n'est pas un groupe de la mort, mais c'est un groupe très relevé et nous avons hâte d'y être. Nous avons un très bon match d'ouverture contre l'Écosse, avec un public forcément très passionné. »

Le Groupe B accueille deux équipes qui ont remporté le trophée trois fois : l'Espagne et l'Italie tenante du titre. Nous vivrons donc une redite de la finale de l'EURO 2012 remportée 4-0 par la *Roja* à Kyiv. Le sélectionneur italien Luciano Spalletti a commenté : « Il s'agit sans doute du groupe le plus relevé, mais nous connaissons notre objectif : franchir la phase de groupes. »

Deux nations d'Europe de l'Est complètent ce duo dans le Groupe B : la Croatie et l'Albanie. Les Croates ont terminé troisièmes de la Coupe du monde 2022, mais leur sélectionneur Zlatko Dalić est conscient des défis qui les attendent.

L'Angleterre, fraîchement promue à la 3e place du Classement mondial FIFA, a intégré la première position du Groupe C. Les finalistes de l'EURO 2020 débuteront la compétition face à la Serbie. Ils affronteront ensuite le Danemark, qui les avait poussés jusqu'en prolongation en demi-finale de l'EURO 2020, puis la Slovénie.

Leur sélectionneur Gareth Southgate a déclaré : « Vous savez, l'objectif est toujours de sortir du groupe. Nous sommes conscients des attentes, nous prenons l'habitude de ces grands matches. Nous espérons offrir des soirées exceptionnelles à nos fans. »

Le Groupe D proposera des retrouvailles entre la France et les Pays-Bas, respectivement premier et deuxième du groupe de qualification qu'ils partageaient. Les *Bleus*, finalistes de la Coupe du monde au Qatar en

décembre 2022, s'étaient imposés 4-0 à domicile et 2-1 à l'extérieur.

Le sélectionneur néerlandais Ronald Koeman a déclaré : « C'est difficile pour tout le monde. J'aurais préféré éviter la France, et peut-être que la France aurait préféré nous éviter, car nous nous affrontons souvent. Mais bon, il nous faut l'accepter. Notre objectif est de remporter le tournoi. »

L'Autriche dirigée par l'entraîneur allemand Ralf Rangnick fait partie du même groupe, tout comme le vainqueur de la Voie A des barrages (Pologne, Pays de Galles, Finlande ou Estonie).

La Belgique a été la première à garnir le Groupe E. Elle a été invaincue en éliminatoires, tout comme la Roumanie, qui l'a rejointe. Le capitaine belge Romelu Lukaku a été le meilleur buteur du tournoi de qualification avec 14 réalisations. Elles seront opposées à la Slovaquie, dauphin de son groupe, ainsi qu'au vainqueur de la Voie B des barrages (Israël, Islande, Bosnie-Herzégovine ou Ukraine).

Le dernier qualifié *via* les barrages de la Voie C (Géorgie, Grèce, Kazakhstan ou Luxembourg) a été placé dans le Groupe F avec la Turquie, la Tchéquie et le Portugal champion 2016. Les Portugais ont survolé leur groupe de qualification en remportant leurs 10 matches, avec 36 buts inscrits (dont 10 de Cristiano Ronaldo) et seulement deux encaissés.

La chanson officielle du tournoi a été créée par le groupe de DJ italien Meduza, les géants américains de la pop-rock OneRepublic et l'icône allemande de la pop Kim Petras.

Le total des primes pour les 24 participants s'élève à 331 M€. Le système de distribution, identique à celui de l'EURO 2020, a été approuvé par le Comité exécutif de l'UEFA à la veille du tirage. Chacune des 24 équipes bénéficiera de 9,25 M€ de prime de participation, en plus de primes aux résultats de 1 M€ par victoire et 500 000 € par match nul.

La qualification en 8es de finale sera assortie d'une prime de 1,5 M€ à laquelle s'ajoutent 2,5 M€ pour les quarts-de-finalistes et 4 M€ pour les demi-finalistes. Le finaliste malheureux recevra 5 M€ supplémentaires, contre 8 M€ pour le vainqueur. L'équipe sacrée pourra donc remporter jusqu'à 28,25 M€ si elle remporte ses trois matches de phase de groupes.

Mais brandir le trophée Henri Delaunay, ça n'a pas de prix.

CI-DESSOUS : Giorgio Marchetti, le secrétaire général adjoint de l'UEFA, dirigeant un parterre de stars pour le tirage au sort de la phase finale

1968

Moments magiques :

GLOIRE À ROME

10 juin 1968/Rome

L'Italie est l'unique équipe à avoir remporté le trophée européen grâce à une victoire à pile ou face et à un match rejoué, à une époque où les tirs au but n'existaient pas. Les *Azzurri* avaient été désignés pour accueillir l'édition 1968, mais ils n'ont pas vraiment profité du fait d'évoluer à domicile. En demi-finale, ils ont fait match nul 0-0 après prolongation contre l'Union soviétique à Naples et ont uniquement gagné leur place en finale car leur capitaine Giacinto Facchetti a gagné à pile ou face. La finale disputée à Rome est également allée en prolongation, face à la Yougoslavie. Le règlement autorisait que le match soit rejoué. Cette fois, l'Italie a fait la différence grâce aux buts de Luigi Riva et Pietro Anastasi en première période pour s'imposer 2-0. Riva reste à ce jour le meilleur buteur de l'histoire de l'Italie, avec 35 réalisations.

À DROITE : le capitaine italien Giacinto Facchetti brandit le trophée Henri Delaunay après la victoire 2-0 du pays hôte sur la Yougoslavie dans la finale rejouée au Stadio Olimpico de Rome

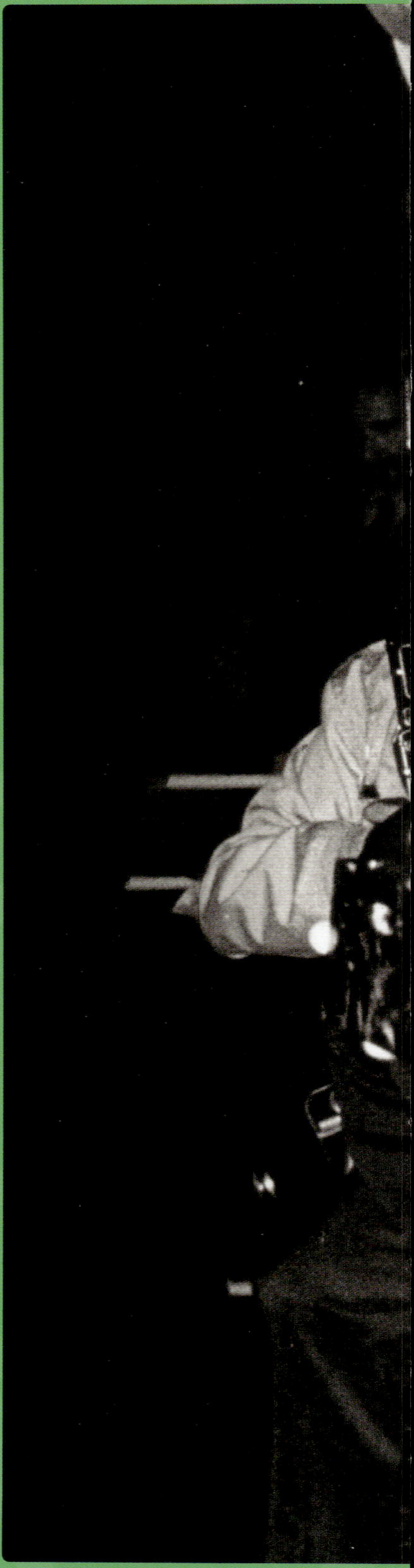

UEFA EURO2024 GERMANY

PORTRAIT DES ÉQUIPES

Les 24 participants de l'UEFA EURO 2024 incluent neuf anciens vainqueurs : l'Allemagne, le Danemark, l'Espagne, la France, la Grèce, l'Italie, les Pays-Bas, le Portugal et la Tchéquie (en tant que Tchécoslovaquie). Le Portugal est l'unique équipe à avoir remporté tous ses matches durant les éliminatoires, avec 10 victoires en 10 rencontres. Mais cinq autres nations sont restées invaincues : Angleterre, Belgique, France, Hongrie et Roumanie. L'Allemagne accueille la compétition pour la première fois depuis sa réunification, après l'édition 1988 disputée en RFA.

UEFA
EURO2024
GERMANY

GROUPE A

L'Allemagne (pays hôte) a remporté l'EURO à trois reprises, la dernière fois en 1996. Elle a également été finaliste à trois autres reprises. La Hongrie a atteint les demi-finales en 1964 et 1972. La Suisse a disputé les quarts de finale de l'EURO 2020. L'Écosse n'a jamais franchi la phase de groupes. Ces quatre équipes étaient présentes en 2020.

- Allemagne
- Écosse
- Hongrie
- Suisse

GROUPE A
ALLEMAGNE

L'Allemagne se prépare à accueillir la crème du football européen, accompagnée d'attentes élevées. Elle va tenter de renouer avec la mentalité de la gagne traditionnellement associée à une équipe qui a remporté l'EURO à trois reprises (record ex aequo) et quatre Coupes du monde de la FIFA.

L'Allemagne a été désignée pays hôte de la phase finale en septembre 2018, deux mois seulement après avoir perdu sa couronne à la Coupe du monde en Russie. Son élimination en phase de groupes n'aura été qu'un accident. Pourtant, il lui a été difficile de retrouver son équilibre et son style si souvent consacré.

Le sélectionneur Joachim Löw est parvenu à guider l'Allemagne jusqu'à l'UEFA EURO 2020, mais sa quête d'un premier titre européen depuis 1996 s'est achevée sur une défaite 2-0 contre l'Angleterre à Wembley en 8es de finale. Il s'agissait du dernier match de Löw, remplacé par Hansi Flick.

L'ancien milieu de terrain a pris le poste après 18 mois remarquables à la tête du Bayern Munich, avec sept trophées à la clé dont l'UEFA Champions League, la Super Coupe de l'UEFA et la Coupe du monde des clubs de la FIFA.

Flick a qualifié l'Allemagne pour la Coupe du monde 2022 au Qatar. Mais une nouvelle élimination en phase de groupes et une série de matches amicaux décevants ont provoqué son remplacement par Julian Nagelsmann en septembre dernier. Lors de sa nomination, Nagelsmann a évoqué l'excitation de la Coupe du monde 2006 en Allemagne : « Nous voulons inspirer la nation en pratiquant du beau jeu. Pour nous, l'idéal serait un *Sommermärchen* [conte de fées estival] version 2.0. »

CI-DESSUS : pays hôte, l'Allemagne participe à la phase finale pour une 14e fois record, avec un bilan de 27 victoires, 13 nuls et 13 défaites en 53 matches

L'ALLEMAGNE au Championnat d'Europe de l'UEFA

1960	N'a pas participé
1964	N'a pas participé
1968**	Non qualifiée
1972**	VAINQUEUR
1976**	Finaliste
1980**	VAINQUEUR
1984**	Phase de groupes
1988**	Demi-finales
1992	Finaliste
1996	VAINQUEUR
2000	Phase de groupes
2004	Phase de groupes
2008	Finaliste
2012	Demi-finales
2016	Demi-finales
2020*	8e de finale

*Phase finale 2020 disputée en 2021
**Allemagne de l'Ouest

SÉLECTIONNEUR

JULIAN NAGELSMANN
À 36 ans, Julian Nagelsmann est devenu le plus jeune sélectionneur de l'histoire allemande en succédant à Hansi Flick en septembre dernier. Nagelsmann est devenu entraîneur après une grave blessure en 2007. Il a dirigé l'équipe junior du TSV 1860 Munich puis d'Hoffenheim, où il a été promu entraîneur principal en 2015. Nagelsmann a mené son équipe en UEFA Champions League, avant de prendre les rênes du RB Leipzig et d'en disputer les demi-finales. Il a ensuite remplacé Flick au Bayern Munich, qu'il a aidé à remporter son dixième titre d'affilée en Bundesliga, avant d'être remercié en mars 2023.

JOUEUR CLÉ

JOSHUA KIMMICH

POSTE : milieu de terrain
CLUB : Bayern Munich (ALLEMAGNE)
ÂGE : 29 ans
NAISSANCE : 8 février 1995, à Rottwell
1re SÉLECTION : 21 juin 2016 contre l'Irlande du Nord
82 **SÉLECTIONS** • 6 **BUTS**

Joshua Kimmich est devenu l'un des latéraux droits ou milieux défensifs les plus polyvalents et remarquables d'Europe, après avoir éclaté au Bayern Munich, initialement sous les ordres de Pep Guardiola. Adolescent, Kimmich a fait ses gammes dans les équipes de jeunes du VfB Stuttgart, avant de faire ses preuves au RB Leipzig lors des montées successives du club. Il a rejoint le Bayern en 2015 et l'a aidé depuis à remporter 20 trophées nationaux et internationaux majeurs, dont l'UEFA Champions League en 2020. Appelé en sélection juste avant l'UEFA EURO 2016, il a été nommé dans l'Équipe du tournoi. Depuis, il fait partie des cadres de l'équipe, qui a notamment remporté la Coupe des confédérations de la FIFA en 2017.

Qualifiée d'office en sa qualité de pays hôte de l'EURO 2024, l'Allemagne de Nagelsmann a dû se contenter d'une série de matches amicaux pour rebâtir son équipe.

Il a apporté peu de changements au cœur de l'équipe type dessinée par Flick. Marc-André ter Stegen était depuis longtemps le remplaçant de Manuel Neuer, blessé, tandis qu'Antonio Rüdiger, Mats Hummels et Niklas Süle apportent leur savoir-faire en défense.

Joshua Kimmich et Leon Goretzka se connaissaient déjà bien dans l'entrejeu, en soutien de Musiala, leur extraordinaire coéquipier en club. Ce dernier avait changé de nationalité sportive en 2021, optant pour son pays de naissance après avoir évolué en équipe d'Angleterre Espoirs.

Leroy Sané et Thomas Müller n'ont pas été dépaysés en retrouvant Nagelsmann, qui les avait dirigés au Bayern, tandis que le capitaine Gündoğan avait démontré ses qualités à Manchester City en remportant le triplé en 2022-2023. D'autres talents venaient compléter cette ossature, à l'image de Kai Havertz, vainqueur de la Champions League avec Chelsea avant son transfert à Arsenal.

Cette accumulation d'expérience et de talent alimente les espoirs allemands d'ajouter un quatrième titre européen record, dans une compétition qu'elle a rejoint sur le tard.

En effet, la RFA n'avait pas participé aux éditions 1960 ni 1964, avant d'être éliminée au premier tour de qualification pour 1968. Mais tout a changé dans les années 1970. Le Bayern a remporté trois Coupes d'Europe et fourni la colonne vertébrale d'une sélection qui a remporté l'EURO 1972, la Coupe du monde 1974 puis, après avoir été finaliste du Mondial 1976, a ajouté à son palmarès les Championnats d'Europe 1980 et 1996.

Il s'agissait là du dernier titre de l'équipe d'Allemagne senior pendant 18 ans, jusqu'à un sacre à la Coupe du monde contre l'Argentine, en 2014 au Brésil. Le dixième anniversaire de ce triomphe serait une occasion en or pour l'Allemagne de renouer avec ses succès historiques.

LE SAVIEZ-VOUS ?

Le championnat national allemand, la Bundesliga, a été créé en 1963. Avant cette date, le titre était attribué au terme d'un tournoi de barrage opposant les champions de chaque championnat régional.

GROUPE A

ÉCOSSE

L'Écosse s'est qualifiée un jour où elle ne jouait pas. Grâce aux autres résultats dans son groupe, elle a eu le luxe de pouvoir célébrer sans avoir à subir la tension habituelle d'un jour de match. Les hommes de Steve Clarke décrochaient là leur deuxième qualification consécutive pour la phase finale.

Le 30 novembre 1872, l'Écosse a disputé le tout premier match international de l'histoire, un nul 0-0 contre l'Angleterre à Glasgow.

Elle a participé aux Coupes du monde de la FIFA 1954 et 1958, tandis que ses clubs ont joué un rôle proéminent au début des compétitions de clubs européennes. Le Celtic a été le premier club britannique à remporter la Coupe des clubs champions européens, en 1967, tandis que les Rangers ont gagné la Coupe des vainqueurs de coupe européenne en 1972.

Entre 1974 et 1998, la Tartan Army a disputé six Coupes du monde sur sept, mais une seule édition de l'EURO. Au XXIe siècle, elle a dû attendre l'édition 2020 pour la retrouver, mais son parcours s'est une nouvelle fois achevé en phase de groupes.

L'Écosse a démontré les mérites de la patience en conservant Clarke malgré son échec en qualification de la Coupe du monde 2022. Son équipe affiche beaucoup d'énergie dans l'entrejeu, incarnée par John McGinn et Scott McTominay. Sous leur impulsion, les Écossais se sont sortis d'un groupe de qualification complexe, comportant l'Espagne (double vainqueur de la compétition), la Norvège d'Erling Haaland, la Géorgie et Chypre.

Ils ont bien débuté cette campagne, avec une victoire 3-0 sur Chypre dans leur forteresse d'Hampden Park, sur

CI-DESSUS : l'Écosse s'est qualifiée pour une deuxième phase finale consécutive, la quatrième de son histoire, mais n'a pas encore franchi la phase de groupes

L'ÉCOSSE au Championnat d'Europe de l'UEFA

1960	N'a pas participé
1964	N'a pas participé
1968	Non qualifiée
1972	Non qualifiée
1976	Non qualifiée
1980	Non qualifiée
1984	Non qualifiée
1988	Non qualifiée
1992	Phase de groupes
1996	Phase de groupes
2000	Non qualifiée
2004	Non qualifiée
2008	Non qualifiée
2012	Non qualifiée
2016	Non qualifiée
2020*	Phase de groupes

*Phase finale 2020 disputée en 2021

SÉLECTIONNEUR

STEVE CLARKE

Steve Clarke a mené la *Tartan Army* à une deuxième phase finale de l'EURO d'affilée. Aujourd'hui âgé de 60 ans, il a commencé sa carrière de joueur à Saint Mirren en milieu de terrain, il a ensuite passé 11 saisons à Chelsea (plus de 300 matches). Il a remporté la Coupe des vainqueurs de coupe européenne, la Coupe de la Ligue anglaise et la FA Cup avec les *Blues*, tout en honorant six sélections avec l'Écosse. Clarke a ensuite entraîné West Bromwich Albion, Reading, Aston Villa et Kilmarnock (Écosse) avant de succéder à Alex McLeish en tant que sélectionneur national en mai 2019.

JOUEUR CLÉ

JOHN MCGINN

POSTE : milieu de terrain
CLUB : Aston Villa (ANGLETERRE)
ÂGE : 29 ans
NAISSANCE : 18 octobre 1994, à Glasgow
1re SÉLECTION : 29 mars 2016 contre le Danemark
62 **SÉLECTIONS** • 18 **BUTS**

Pour la quatrième année d'affilée, John McGinn a été élu meilleur joueur international par les journalistes de football écossais. Le milieu de terrain d'Aston Villa a été capitaine des équipes d'Écosse M19 et Espoirs avant d'honorer sa première sélection en A lors d'une victoire 1-0 sur le Danemark. Il a terminé meilleur buteur écossais des éliminatoires de l'EURO 2020 avec sept buts, dont son premier triplé en carrière à l'occasion d'un succès contre Saint-Marin. McGinn a fêté sa 50e sélection en septembre 2022, lors d'une victoire 2-1 face à la République d'Irlande. En clubs, McGinn a passé trois saisons à Saint Mirren et au Hibernian. Vainqueur de la Coupe de la Ligue écossaise avec Saint Mirren et de la Coupe d'Écosse avec les Hibs, il a ensuite rejoint Villa en 2018 pour l'aider à retrouver l'élite anglaise.

des buts signés McGinn et McTominay (doublé). Ce dernier reproduisait l'exploit au match suivant, remporté 2-0 face à l'Espagne. En Norvège, l'Écosse concédait l'ouverture du score d'Haaland, avant d'arracher la victoire sur le fil grâce aux buts de Lyndon Dykes et Kenny McLean. McTominay a encore été buteur lors des deux rencontres suivantes, des victoires contre la Géorgie et à Chypre.

Cette belle série s'est achevée sur une première défaite 2-0 en Espagne début octobre qui s'est révélée anecdotique. Trois jours plus tard, le revers subi par la Norvège en Espagne a offert à l'Écosse son billet pour l'Allemagne. Elle qui avait dû disputer un barrage pour aller à l'EURO 2020 se qualifiait directement pour une phase finale pour la première fois depuis 1997.

L'Écosse s'appuie avant tout sur son collectif. Clarke a varié les dispositions tactiques, alternant entre 3-4-3, 3-4-2-1 et 5-3-2, mais s'est toujours appuyé sur une défense solide et un milieu compact pour protéger le gardien Angus Gunn et réaliser des transitions offensives rapides.

Les « Anglos », ces Écossais qui évoluent en Angleterre, ont toujours joué un rôle important pour cette nation. Cette fois, outre McGinn (Aston Villa) et McTominay (Manchester United), le contingent de Premier League était composé d'Andrew Robertson (Liverpool), Scott McKenna (Nottingham Forest), McGinn (Aston Villa) et Ryan Christie (Bournemouth), en plus de trois membres qui jouent en 2e division anglaise : le portier Gunn (Norwich), le défenseur Ryan Porteous (Watford) et l'attaquant Lyndon Dykes (QPR).

Mais ils ont surtout pu compter sur leurs supporteurs, comme toujours. Clarke et son capitaine Robertson leur ont rendu hommage. « Après l'EURO 2020, nous avions l'ambition de nous qualifier à chaque édition », a déclaré le sélectionneur. « Grâce à nos fans, Hampden Park est de nouveau un stade qui est craint : ils ont joué un rôle important dans nos succès, à domicile comme à l'extérieur. » Et Robertson d'ajouter : « Nous sommes impatients de les voir en Allemagne par dizaines de milliers. »

LE SAVIEZ-VOUS ?

Le gardien et capitaine de l'Écosse Robert Gardner a joué en attaque en vain lors du premier match international historique pour l'Angleterre en 1872 (0-0).

GROUPE A

HONGRIE

La Hongrie a participé à la phase finale pour la troisième fois d'affilée avec les espoirs de 2016, où elle avait atteint les 8es de finale, après être sortie en phase de groupes il y a trois ans. Le sélectionneur Marco Rossi a passé six années à bâtir cet effectif, qui s'est qualifié à une journée de la fin.

Le but crucial qui a assuré la Hongrie d'être présente en Allemagne fut en fait un but contre son camp, mais personne ne peut clamer que les hommes de Rossi n'ont pas mérité leur place.

Les *Magyars* ont remporté leur groupe en demeurant invaincus, terminant avec quatre points d'avance sur la Serbie, qu'ils ont battue 2-1 à Belgrade comme à Budapest. Barnabás Varga a marqué dans les deux rencontres – tout comme lors du match nul 2-2 en Lituanie qui précédait le déplacement décisif en Bulgarie.

À Sofia et à huis clos, la Hongrie a ouvert le score par Martin Ádám sur un coup franc de Dominik Szoboszlai, avant d'être rejointe puis menée.

Elle arrachait le nul au bout du temps additionnel quand Alex Petkov a dévié de la tête un coup franc de Szoboszlai dans ses propres filets.

L'équipe de Hongrie a joué un rôle historique dans l'histoire des compétitions internationales. Elle a disputé le premier match officiel entre sélections nationales sur le continent européen (contre l'Autriche en 1902), puis a joué la Coupe des Nations d'Europe centrale – un précurseur du Championnat d'Europe de l'UEFA – dont elle a été finaliste dans les années 1930 et vainqueur en 1953.

Dans les années 1930, la Hongrie était réputée pour l'expertise de ses entraîneurs, qu'elle a exportée sur

CI-DESSUS : la Hongrie dispute sa troisième édition consécutive de l'EURO, après y avoir été absente pendant plus de quatre décennies

LA HONGRIE au Championnat d'Europe de l'UEFA

1960	Non qualifiée
1964	3e place
1968	Non qualifiée
1972	4e place
1976	Non qualifiée
1980	Non qualifiée
1984	Non qualifiée
1988	Non qualifiée
1992	Non qualifiée
1996	Non qualifiée
2000	Non qualifiée
2004	Non qualifiée
2008	Non qualifiée
2012	Non qualifiée
2016	8e de finale
2020*	Phase de groupes

*Phase finale 2020 disputée en 2021

SÉLECTIONNEUR

MARCO ROSSI

Marco Rossi a connu une carrière très respectable au poste de défenseur, en passant 17 ans sur les terrains de son Italie natale, mais aussi en Mexique et en Allemagne. Il a notamment remporté la Coppa Italia avec la Sampdoria. Devenu entraîneur en 2000, Rossi a dirigé six clubs italiens avant de rejoindre la Hongrie en 2012 pour prendre les rênes du Budapest Honvéd. Il y a fait deux passages, remportant le championnat en 2017. Il a également entraîné le DAC Dunajská Streda en Slovaquie, avant de revenir en Hongrie pour en devenir le sélectionneur en 2018. Il a mené son équipe à l'EURO 2020.

JOUEUR CLÉ

ATTILA SZALAI

POSTE : défenseur
CLUB : Hoffenheim (ALLEMAGNE)
ÂGE : 26 ans
NAISSANCE : 20 janvier 1998, à Budapest
1re SÉLECTION : 15 novembre 2019 contre l'Uruguay
41 **SÉLECTIONS** • 1 **BUT**

Régulier et fiable défensivement, Attila Szalai a joué un rôle important dans la deuxième qualification consécutive de la Hongrie pour l'EURO. Szalai a commencé sa carrière professionnelle au Rapid Vienne, avant de retourner rapidement en Hongrie pour évoluer au Mezőkövesd, puis d'enchaîner des contrats à Chypre, en Turquie et en Allemagne, respectivement sous le maillot de l'Apollon Limassol, Fenerbahçe et Hoffenheim. Il a inscrit trois buts en 37 sélections pour les catégories juniors de la Hongrie, avant d'être convoqué par Marco Rossi chez les A, avec lesquels il a disputé son premier match en 2019, contre l'Uruguay. Szalai évoluait alors à Fenerbahçe et ses prestations solides lui ont valu d'être titulaire lors des trois matches des *Magyars* à l'EURO 2020.

l'ensemble du continent. Les années 1950 ont ensuite vu l'avènement des *Magyars magiques*, l'équipe mythique menée par Ferenc Puskás. Ils ont remporté la Coupe d'Europe centrale, mais aussi la médaille d'or des Jeux olympiques en 1952. Cette équipe a perdu un seul match en cinq ans, avant de s'achever sur le plus grand match de son histoire, la Coupe du monde de la FIFA en 1954.

Les stars comme Puskás, Sándor Kocsis et József Bozsik ont assuré leur place au panthéon du football. En 1953, la Hongrie est devenue la première équipe (hors îles britanniques) à battre l'Angleterre chez elle, en lui infligeant un 6-3 légendaire à Wembley.

La décennie suivante a vu l'émergence de grands joueurs comme Florian Albert et Ferenc Bene, qui ont mené la Hongrie jusqu'aux quarts de finale des Coupes du monde 1962 et 1966 et à l'or olympique en 1964 et 1968. Ils ont également été demi-finale du format d'origine du Championnat d'Europe en 1964 comme en 1972. Par la suite, la présence de la Hongrie à la Coupe du monde s'est faite plus intermittente et elle n'a plus figuré dans la phase finale d'un EURO jusqu'à l'édition 2016 en France, où elle a brillé jusqu'en 8es de finale.

La sélection actuelle s'appuie sur des joueurs qui ont développé leur talent et engrangé de l'expérience non seulement en Hongrie, mais aussi aux quatre coins du monde : Allemagne, Angleterre, Chypre, États-Unis, France, Italie, République de Corée, Suisse, Turquie...

Péter Gulácsi et Dénes Dibusz se disputent le poste de gardien depuis des années, tandis qu'en défense, les joueurs comme Attila Szalai, Willi Orban, Ádám Lang, Loïc Négo et Endre Botka totalisent ensemble plus de 250 sélections. Dans l'entrejeu, Ádám Nagy (Pise) a accumulé environ 80 sélections en huit ans, mais c'est surtout sur la créativité de Szoboszlai que les Hongrois s'appuieront en Allemagne. Varga et la star de Liverpool se sont partagé le titre de meilleur buteur de leur équipe lors des éliminatoires avec quatre unités chacun.

LE SAVIEZ-VOUS ?

La Hongrie a atteint deux fois les demi-finales lors des premières éditions de l'EURO, mais a ensuite dû patienter 44 ans avant de retrouver la phase finale, en 2016.

GROUPE A
SUISSE

Sur la scène internationale, la Suisse fait preuve d'une régularité d'horloger : elle fait son retour en phase finale pour la cinquième fois en six tournois. Son objectif est désormais d'aller au-delà des quarts de finale. Il y a trois ans, l'Espagne l'avait privée du dernier carré aux tirs au but.

Si la Suisse a longtemps été connue pour héberger le siège à la fois de l'UEFA, l'instance européenne à Nyon, et de la FIFA, la fédération mondiale à Zurich, la *Nati* lui a donné ses lettres de noblesse sur le terrain ces dernières années.

Elle a participé à l'EURO à cinq reprises, dont un quart de finale lors de la dernière édition, et elle a figuré dans la phase finale de la Coupe du monde de la FIFA à 12 reprises, atteignant trois fois les quarts de finale.

Les Suisses retrouvent l'élite européenne après avoir obtenu la deuxième place du Groupe I de qualification. Ils ont perdu un seul de leurs 10 matches et terminé avec la meilleure attaque de leur groupe avec 22 buts. Cinq d'entre eux ont été inscrits lors de la victoire en ouverture au Bélarus, et trois chacun à domicile contre Israël, Andorre et le Bélarus.

Il leur aura cependant fallu attendre l'avant-dernier match pour assurer leur qualification, à la faveur d'un nul 1-1 intense contre le Kosovo. La Suisse avait dominé la possession, mais dû patienter jusqu'en début de seconde période pour trouver la faille dans une défense robuste, sur une tête de Ruben Vargas. Les Kosovars avaient égalisé par Muhamet Hyseni en fin de match, mais ce point était suffisant pour valider le billet de la Suisse pour l'Allemagne.

CI-DESSUS : la Suisse a disputé l'EURO à cinq reprises, avec pour meilleur résultat un quart de finale de l'édition 2020

LA SUISSE au Championnat d'Europe de l'UEFA

1960	Non qualifiée
1964	Non qualifiée
1968	Non qualifiée
1972	Non qualifiée
1976	Non qualifiée
1980	Non qualifiée
1984	Non qualifiée
1988	Non qualifiée
1992	Non qualifiée
1996	Phase de groupes
2000	Non qualifiée
2004	Phase de groupes
2008	Phase de groupes
2012	Non qualifiée
2016	8e de finale
2020*	Quarts de finale

*Phase finale 2020 disputée en 2021

SÉLECTIONNEUR

MURAT YAKIN

Ex-international suisse, Murat Yakin a honoré 49 sélections en défense centrale (de 1994 à 2004) avant d'être nommé sélectionneur pour succéder à Vladimir Petković au terme de l'UEFA EURO 2020. Sa carrière de joueur l'a amené aux Grasshoppers, en Allemagne à Stuttgart et Kaiserslautern, en Turquie chez Fenerbahçe, puis à Bâle pour cinq saisons finales. Devenu entraîneur, Yakin a surtout exercé en Suisse (Thoune, Luzerne, Bâle, Schaffhausen, Grasshoppers et Sion) – à l'exception d'une année en Russie, sur le banc du Spartak Moscou. Son frère cadet Hakan Yakin a également porté le maillot de la *Nati*.

JOUEUR CLÉ

XHERDAN SHAQIRI

POSTE : attaquant
CLUB : Chicago Fire (ÉTATS-UNIS)
ÂGE : 32 ans
NAISSANCE : 10 octobre 1991, à Gnjilane (Kosovo)
1re SÉLECTION : 3 mars 2010 contre l'Uruguay
119 **SÉLECTIONS** • 29 **BUTS**

Xherdan Shaqiri est né en Yougoslavie, de parents albanais Kosovars qui ont émigré en Suisse en 1992. Il a disputé son premier match en Espoirs en 2009, avant d'honorer sa première sélection en 2010. Depuis, Shaqiri figure au milieu ou en attaque lors des tournois majeurs – dont l'EURO 2016 et 2020, où la Suisse s'est inclinée aux tirs au but contre l'Espagne en quarts de finale. En novembre 2021, Shaqiri est devenu le cinquième joueur suisse seulement à franchir la barre des 100 sélections. En clubs, il a été sacré trois fois champion de Suisse avec Bâle avant d'évoluer au Bayern Munich, à l'Inter Milan, à Stoke City et à Liverpool. Lors de ses trois saisons à Anfield, il a remporté l'UEFA Champions League, la Coupe du monde des clubs de la FIFA et la Premier League.

La *Nati* aurait pu remporter son groupe si elle avait gagné son ultime match en Roumanie –, mais elle s'est inclinée 1-0. Cela ne l'empêchait pas de terminer deux points devant Israël (3e). Zeki Amdouni a été le meilleur buteur du groupe : l'attaquant de Burnley (23 ans) est désormais un cadre de l'équipe suisse, après avoir représenté la Turquie (pays natal de son père) en Espoirs.

Le football suisse s'est historiquement nourri d'une forte influence britannique, comme le prouvent des noms de club comme les *Grasshoppers* et les *Young Boys*. À cette époque, la Suisse a été finaliste du tournoi des Jeux olympiques 1924. Elle excellait sur la scène mondiale, menée par les frères Abegglen, Max et André, auteurs de plus de 60 buts à eux deux. Ce succès revient aussi à leur sélectionneur autrichien Karl Rappan, qui a inventé le système défensif du « verrou suisse » et a mené la Suisse à la Coupe du monde à quatre reprises.

Après 1966, l'équipe nationale a subi un revers de fortune et ne s'est plus qualifiée pour un tournoi majeur jusqu'en 1994, sous la houlette du technicien anglais Roy Hodgson. Deux ans plus tard, elle faisait son grand retour à l'EURO. Depuis 2004, la Suisse a manqué un seul rendez-vous majeur : l'EURO 2012.
L'effectif qui a qualifié la *Nati* pour l'Allemagne inclut plusieurs visages familiers, comme l'inamovible gardien Yann Sommer, le piston Ricardo Rodriguez et le défenseur central Manuel Akanji, qui a brillé avec Manchester City en Angleterre comme sur la scène européenne.
Le capitaine Granit Xhaka est un véritable point d'ancrage dans l'entrejeu, tandis que la créativité sur les ailes est assurée par le tout aussi expérimenté Xherdan Shaqiri. Ces deux joueurs comptent plus de 100 sélections, affichant la régularité qui permet à la Suisse de se maintenir parmi l'élite européenne.

LE SAVIEZ-VOUS ?

La Suisse ne s'est pas qualifiée pour l'EURO lors de ses neuf premières tentatives, mais elle aura participé à six des huit derniers tournois.

GROUPE B

Triple championne d'Europe, l'Espagne a participé à chaque édition depuis 1996. L'Italie, championne en titre, a également été le premier pays hôte sacré, en 1968. La Croatie a atteint les quarts de finale à deux reprises. L'Albanie participe seulement à sa deuxième phase finale. Espagne, Croatie et Italie étaient présentes à l'UEFA EURO 2020.

- Espagne
- Croatie
- Italie
- Albanie

GROUPE B
ESPAGNE

L'Espagne s'apprête à disputer l'EURO pour la 12e fois. Elle en a uniquement manqué une édition et l'a remporté trois fois, record ex aequo. La *Roja* figure toujours parmi les favoris, quel que soit le tournoi, ce qui est normal pour une nation qui a également remporté une Coupe du monde de la FIFA.

Parmi les principaux candidats au titre, c'est l'Espagne qui avait l'effectif le plus jeune des éliminatoires de l'EURO 2024, avec une moyenne de 25 ans. L'équipe de Luis de la Fuente comprend de nombreux joueurs révélés lors de compétitions juniors. Le sélectionneur les connaît bien, après avoir dirigé les équipes M19 et Espoirs pendant une décennie.

De la Fuente (62 ans) a succédé à Luis Enrique à la suite d'éliminations consécutives de l'Espagne aux tirs au but, par l'Italie en demi-finale de l'EURO en 2021, puis par le Maroc en 8es de finale de la Coupe du monde 2022.

L'Espagne a démarré son Groupe A de qualification par une victoire 3-0 sur la Norvège, grâce à deux buts inscrits en moins d'une minute par Joselu en fin de match. Pourtant, une défaite 2-0 contre l'Écosse a sonné comme un coup de semonce. Exemptée lors des deux journées suivantes, l'Espagne a même plongé au classement, avant de retrouver les terrains en septembre dernier.

Mais il aura suffi de cinq jours – et de deux victoires ponctuées de 13 buts – pour renverser la situation. D'abord un succès 7-1 en Géorgie, avec un triplé du capitaine Álvaro Morata, puis une démonstration 6-0 contre Chypre marquée par un triplé signé Ferran Torres. L'Espagne a enchaîné en s'imposant 2-0 sur l'Écosse, puis 1-0 en

CI-DESSUS : trois fois sacrée et demi-finaliste de l'EURO 2020, l'Espagne dispute sa 12e phase finale, soit une de moins que l'Allemagne

L'ESPAGNE au Championnat d'Europe de l'UEFA

1960	Forfait
1964	VAINQUEUR
1968	Non qualifiée
1972	Non qualifiée
1976	Non qualifiée
1980	Phase de groupes
1984	Finaliste
1988	Phase de groupes
1992	Non qualifiée
1996	Quarts de finale
2000	Quarts de finale
2004	Phase de groupes
2008	VAINQUEUR
2012	VAINQUEUR
2016	8e de finale
2020*	Demi-finales

*Phase finale 2020 disputée en 2021

SÉLECTIONNEUR

LUIS DE LA FUENTE

Luis de la Fuente a brillé à la tête des sélections juniors de l'Espagne, avant de prendre la charge de l'équipe A pour succéder à Luis Enrique après la Coupe du monde de la FIFA au Qatar. Il a immédiatement été couronné de succès en guidant la *Roja* au titre en UEFA Nations League 2023. Beaucoup des joueurs seniors de son effectif actuel ont remporté l'EURO M19 2015 et l'EURO Espoirs 2019. De la Fuente a également remporté la médaille d'argent aux Jeux olympiques 2021. En 13 saisons en tant que joueur, il a notamment réalisé le doublé coupe-championnat avec l'Athletic Bilbao.

JOUEUR CLÉ

ÁLVARO MORATA

POSTE : attaquant
CLUB : Atlético de Madrid (ESPAGNE)
ÂGE : 31 ans
NAISSANCE : 23 octobre 1992, à Madrid
1re SÉLECTION : 15 novembre 2014 contre le Bélarus
69 **SÉLECTIONS** • 34 **BUTS**

Capitaine de l'équipe d'Espagne, Álvaro Morata marque pour son pays depuis plus d'une décennie. Attaquant le plus prolifique de l'EURO M19 en 2011, puis de l'EURO Espoirs en 2013, il a fait ses débuts en senior l'année suivante. Chez les A, il a notamment marqué le but de la victoire contre la Suède qui a envoyé la *Roja* à la Coupe du monde 2022. Morata a commencé sa carrière professionnelle dans le club de sa ville natale, le Real Madrid, avec qui il a remporté huit trophées en deux passages, dont deux titres en UEFA Champions League et la Super Coupe de l'UEFA. Son palmarès s'est étoffé en Angleterre avec Chelsea, en Italie avec la Juventus, et sur ses terres avec l'Atlético de Madrid.

Norvège. Au cours d'une soirée fraîche à Oslo, la VAR a été mise à contribution : Morata a vu son but refusé, mais celui de Gavi a été validé.

De la Fuente a félicité son « équipe du futur » et ajouté : « Le football espagnol a toujours fait partie de l'élite. Nos fondations sont fantastiques. »

Cette équipe est en effet bâtie avec des joueurs de différents clubs qui évoluent en Espagne comme à l'étranger. Son groupe compte quatre joueurs du Real Madrid et de la Real Sociedad, deux de Barcelone et de l'Athletic Bilbao, un de Séville, Osasuna, l'Atlético et Grenade, ainsi qu'une demi-douzaine jouant en Angleterre, en France et en Arabie saoudite.

L'Espagne a disputé le premier match officiel de son histoire à l'occasion des Jeux olympiques d'Anvers en 1920, avant d'atteindre les quarts de finale aux JO de 1928 comme à la Coupe du monde 1934, avec une équipe menée par le légendaire gardien Ricardo Zamora.

Le Real Madrid et Barcelone ont fourni glamour et gloire à l'Espagne en compétitions européennes de club dans les années 1950, inspirées par des joueurs étrangers de talent, comme la légende argentine Alfredo Di Stéfano ou les génies hongrois Ferenc Puskás et László Kubala.

Le meneur de Barça Luis Suárez et l'ailier du Real Madrid Amancio ont brillé au sein d'une équipe d'Espagne qui a remporté sa première couronne européenne en 1964. Après deux décennies de traversée du désert, la *Roja* a atteint les quarts de finale de la Coupe du monde 1986, puis décroché la médaille d'or aux Jeux olympiques de Barcelone en 1992.

Puis, l'Espagne et son jeu de possession en tiki-taka ont monopolisé tous les titres majeurs pendant quatre ans. Xavi Hernández, Andrés Iniesta, Iker Casillas et leurs coéquipiers ont enchaîné les victoires en finale : 1-0 contre l'Allemagne à l'EURO 2008, 1-0 face aux Pays-Bas à la Coupe du monde 2010 et 4-0 sur l'Italie à l'EURO 2012. De la Fuente et son « équipe du futur » estiment sans doute qu'il est temps pour l'Espagne de renouer avec ces succès.

LE SAVIEZ-VOUS ?

La victoire de l'Espagne sur l'Union soviétique lors de la finale de 1964 à l'Estadio Santiago Bernabéu de Madrid a enregistré le record d'affluence pour un match de l'EURO avec 79 115 spectateurs.

GROUPE B

CROATIE

La Croatie a gagné son indépendance au début des années 1990. Les 30 années qui ont suivi ont vu son maillot à damier rouge et blanc iconique briller en compétition, sans toutefois remporter de trophée. L'UEFA EURO 2024 mettra-t-elle un terme à cette disette ?

L'histoire de l'ascension du football croate est remarquable, malgré le rôle majeur qu'il a joué dans le succès de l'ex-Yougoslavie. Sa fédération nationale de football a été reconnue par la FIFA en 1992 et par l'UEFA l'année suivante. Puis sa sélection a atteint les quarts de finale pour ses débuts sur la scène internationale, à l'EURO '96.

Deux ans plus tard, la Croatie marquait ses débuts à la Coupe du monde de la FIFA en terminant à la 3e place, grâce notamment à son attaquant Davor Šuker, meilleur buteur du tournoi avec six réalisations. Il était notamment épaulé par les meneurs de jeu Zvonimir Boban et Robert Prosinečki. Trois joueurs sacrés champions du monde juniors avec la Yougoslavie en 1987.

Depuis, la Croatie est quasiment omniprésente dans les grands tournois : elle a uniquement manqué la Coupe du monde 2010 et l'EURO 2000.

Elle a surtout été régulièrement présente dans les matches à enjeu : quarts de finale de l'EURO 2008, 8e de finale en 2016 et finale de la Coupe du monde 2018. Entre-temps, Šuker le buteur s'était mué en président de la fédération croate. La suite fut marquée par un 8e de finale à l'EURO 2020, une 3e place au Mondial 2022, puis la finale de l'UEFA Nations League l'an dernier.

CI-DESSUS : la Croatie n'a jamais franchi le cap des quarts de finale, qu'elle a atteint deux fois en six participations à l'EURO depuis ses débuts dans la compétition en 1996

LA CROATIE
au Championnat d'Europe de l'UEFA

1960	Pas d'équipe nationale
1964	Pas d'équipe nationale
1968	Pas d'équipe nationale
1972	Pas d'équipe nationale
1976	Pas d'équipe nationale
1980	Pas d'équipe nationale
1984	Pas d'équipe nationale
1988	Pas d'équipe nationale
1992	Pas d'équipe nationale
1996	Quarts de finale
2000	Non qualifiée
2004	Phase de groupes
2008	Quarts de finale
2012	Phase de groupes
2016	8e de finale
2020*	8e de finale

*Phase finale 2020 disputée en 2021

SÉLECTIONNEUR

ZLATKO DALIĆ

Zlatko Dalić (57 ans) a été nommé en octobre 2017 pour sauver la campagne de qualification de la Croatie pour la Coupe du monde de la FIFA. Il a amené son équipe en Russie, puis est allé jusqu'en finale. Il a mené la Croatie en 8es de finale de l'UEFA EURO 2020, à la 3e place de la Coupe du monde au Qatar et en finale de l'UEFA Nations League. Dalić s'était bâti une réputation avec les Espoirs croates entre 2006 et 2011. Il a aussi exercé en clubs, notamment Rijeka (Croatie), le Dinamo Tirana (Albanie), Al-Hilal (Arabie saoudite) et Al-aïn (Émirats arabes unis).

JOUEUR CLÉ

DOMINIK LIVAKOVIĆ

POSTE : gardien de but
CLUB : Fenerbahçe (TURQUIE)
ÂGE : 29 ans
NAISSANCE : 9 janvier 1995, à Zadar
1re SÉLECTION : 21 janvier 2017 contre le Chili
51 **SÉLECTIONS** • 0 **BUT**

Dominik Livaković a brillé sur la scène internationale en Coupe du monde 2022 au Qatar pour permettre à la Croatie de décrocher la 3e place. C'est le gardien qui a arrêté le plus de tirs au but, sur un match et sur l'ensemble du tournoi. En 8es de finale, Livaković a réalisé trois arrêts contre le Japon, puis en duel face à Rodrygo en quarts de finale pour faire chuter le Brésil. Il a ainsi égalé le record de quatre tirs au but arrêtés dans une édition. Avant d'honorer sa première sélection en 2017, Livaković avait disputé 34 matches pour les équipes juniors de la Croatie, du niveau M15 aux Espoirs. Sa carrière en club a commencé au NK Zagreb, avant de se poursuivre au Dinamo Zagreb, avec lequel il a remporté 10 titres de champion de Croatie et cinq autres trophées nationaux majeurs. Livaković a rejoint la Turquie l'été dernier pour s'engager avec Fenerbahçe.

Pour tous ces derniers succès, la Croatie s'est appuyée sur une colonne vertébrale de talent, dont Danijel Subašić puis Dominik Livaković dans la cage, Dejan Lovren et Domagoj Vida en défense centrale et un secteur offensif animé par Luka Modrić, sur qui l'âge ne semble pas avoir de prise. Sélectionneur de longue date, Zlatko Dalić a soutenu ce noyau dur avec une réserve inépuisable de défenseurs agressifs, de milieux de talent, d'ailiers tranchants et d'attaquants déterminés.

En défense, Joško Gvardiol a continué de progresser pour devenir une star internationale après une Coupe du monde exceptionnelle au Qatar, tandis que Mateo Kovačić, Marcelo Brozović et Mario Pašalić apportent technique et puissance dans l'entrejeu. Les expérimentés Andrej Kramarić et Ante Budimir courent toujours autant en attaque.

Les éliminatoires pour l'EURO 2024 n'ont toutefois pas été une promenade de santé, dans un Groupe D qui comptait la Turquie et le Pays de Galles, mais aussi l'Arménie et la Lettonie. Les Croates se sont fait surprendre 1-1 à domicile contre les Gallois en ouverture, avant de conclure la campagne du printemps par une solide victoire 2-0 en Turquie, avec un doublé de Kovačić.

Le mois de septembre a apporté des victoires contre la Lettonie et en Arménie, mais elles ont été suivies par deux revers – 1-0 contre la Turquie, puis 2-1 au Pays de Galles. Avant les deux derniers matches, les Croates étaient à égalité de points avec les Gallois, avec pour enjeu la deuxième place directement qualificative, derrière la Turquie. Le premier obstacle a été surmonté à Riga, avec des buts précoces de Lovro Majer et Kramarić pour assurer une victoire 2-0 face à la Lettonie. La Croatie devait alors impérativement s'imposer à domicile contre l'Arménie dans l'ultime rencontre pour s'assurer de terminer devant le Pays de Galles. Modrić a dominé l'entrejeu et Budimir a marqué son deuxième but en sélection, une tête à bout portant, pour offrir la victoire 1-0 et un billet pour l'Allemagne.

LE SAVIEZ-VOUS ?

La Croatie dispute sa septième édition de l'EURO, dont elle a été absente une seule fois depuis qu'elle a rejoint l'UEFA en 1993.

GROUPE B

ITALIE

Championne d'Europe en titre, l'Italie n'a pas capitalisé sur son succès à Wembley en juillet 2021. Les *Azzurri* ne se sont pas qualifiés pour la dernière Coupe du monde de la FIFA et ne doivent leur place à l'UEFA EURO 2024 qu'à leurs résultats en confrontation directe avec l'Ukraine.

Cela n'empêchera toutefois pas l'Italie d'être considérée comme l'une des équipes les plus redoutables en Allemagne. Son palmarès parle pour elle, avec quatre Coupes du monde et un deuxième EURO remporté il y a trois ans. Elle a également été finaliste en 2000 et 2012, 4e en 1980 et 1988, et deux fois quart-de-finaliste.

Les deux sacres européens de l'Italie ont conclu des finales intenses. En 1968, les *Azzurri* ont battu la Yougoslavie 2-0 à Rome après un match rejoué, avec des buts signés Luigi Riva et Pietro Anastasi. En 2021, ils ont battu l'Angleterre aux tirs au but, grâce à un Gianluigi Donnarumma héroïque.

Ils ont ensuite établi un record mondial d'invincibilité, en enchaînant 37 matches sans défaite, avant de s'incliner 2-1 contre l'Espagne en demi-finale de l'UEFA Nations League à Milan en octobre 2021. L'Italie perdait là son premier match officiel à domicile depuis 1999. Puis la Macédoine du Nord l'éliminait en demi-finale des barrages de la Coupe du monde 2022.

Dans le Groupe C des éliminatoires de l'EURO, l'Italie retrouvait l'Ukraine et l'Angleterre, qui lui infligeait une défaite 2-1 à Naples en ouverture. Les Italiens s'imposaient 2-0 à Malte trois jours plus tard, pour le dernier match officiel sous les ordres de Mancini. En août, il démissionnait et la fédération

CI-DESSUS : l'Italie a disputé l'EURO à 10 reprises et l'a remporté deux fois, en plus de deux finales malheureuses

L'ITALIE au Championnat d'Europe de l'UEFA

1960	N'a pas participé
1964	Non qualifiée
1968	VAINQUEUR
1972	Non qualifiée
1976	Non qualifiée
1980	4e place
1984	Non qualifiée
1988	4e place
1992	Non qualifiée
1996	Phase de groupes
2000	Finaliste
2004	Phase de groupes
2008	Quarts de finale
2012	Finaliste
2016	Quarts de finale
2020*	VAINQUEUR

*Phase finale 2020 disputée en 2021

SÉLECTIONNEUR

LUCIANO SPALLETTI

Luciano Spalletti a eu un effet immédiat sur les *Azzurri*, en les qualifiant pour l'UEFA EURO 2024 seulement trois mois après avoir pris la succession de Roberto Mancini. Après une carrière de joueur modeste, Spalletti (65 ans) est devenu l'entraîneur d'Empoli en 1993. Il a dirigé la Sampdoria, Venise, l'Udinese et Ancône avant de décrocher un contrat à la Roma. Il y a remporté deux fois la Coppa Italia, puis a été sacré deux fois champion de Russie à la tête du Zenit Saint-Pétersbourg. De retour en Italie, Spalletti a passé deux saisons sur le banc de l'Inter Milan, avant de remporter la Serie A avec le Napoli en 2022-2023.

JOUEUR CLÉ

JORGINHO

POSTE : milieu de terrain
CLUB : Arsenal (ANGLETERRE)
ÂGE : 32 ans
NAISSANCE : 20 décembre 1991, à Imbituba (Brésil)
1re SÉLECTION : 24 mars 2016 contre l'Espagne
50 **SÉLECTIONS** • 5 **BUTS**

Jorginho a été élu joueur de l'année par l'UEFA en 2021 après avoir gagné l'EURO 2020 avec l'Italie et l'UEFA Champions League avec Chelsea. Le milieu défensif italien (de son nom complet Jorge Luiz Frello Filho) est né au Brésil et il avait seulement 15 ans lorsqu'il a rejoint le Hellas Vérone. Transféré au Napoli en 2014, il a remporté la Coppa Italia et la Supercoppa sous les ordres de Maurizio Sarri. En 2018, il a suivi son entraîneur fraîchement nommé à Chelsea, avec qui il a remporté l'UEFA Europa League en 2019, puis la Champions League. Éligible pour jouer avec les *Azzurri* par son grand-père, Jorginho a choisi de représenter l'Italie en 2014 et a honoré sa première sélection avec l'équipe A deux ans plus tard.

nommait Luciano Spalletti, qui venait de remporter la Serie A avec le Napoli.

Sous l'impulsion de Spalletti, l'Italie a rebondi. Après avoir obtenu un nul 1-1 important en Macédoine du Nord, elle s'est imposée 2-1 contre l'Ukraine à Milan. Les deux buts inscrits ce soir-là par le milieu de terrain interiste Davide Frattesi se sont révélés décisifs, non seulement pour cette rencontre, mais surtout lorsque les deux équipes rivales ont fait match nul 0-0 dans l'ultime rencontre.

Étant donné la situation en Ukraine, ce match s'est déroulé en Allemagne, à Leverkusen. Malgré une vérification VAR pour un penalty en faveur des Ukrainiens en fin de rencontre, l'Italie a sauvegardé un score nul et vierge. Selon le règlement de l'UEFA, deux équipes à égalité de points sont d'abord partagées par les résultats de leurs confrontations directes.

C'est donc l'Italie, vainqueur lors du premier match contre l'Ukraine, qui a obtenu la deuxième place synonyme de qualification.

L'Italie se prépare pour le tournoi avec une défense remodelée. Sa cage reste gardée par Donnarumma, élu joueur du tournoi de l'EURO 2020 – vu son expérience, difficile de croire que le portier du Paris Saint-Germain a seulement 25 ans. Devant lui, les *Azzurri* ne peuvent plus compter sur leurs héros Giorgio Chiellini et Leonardo Bonucci. Francesco Acerbi (Inter) et le nouveau venu Alessandro Buongiorno (Torino) ont prouvé qu'ils en étaient de dignes remplaçants dans le sprint final des éliminatoires.

Le milieu de terrain est le cœur de cette formation. Jorginho et Nicola Barella comptent tous deux plus de 50 sélections pour l'Italie, qui peut également compter sur l'expérience de Bryan Cristante et Marco Verratti. L'attaque est plus ouverte : le seul joueur utilisé dans les éliminatoires à compter plus de 10 buts pour l'Italie était Ciro Immobile, l'attaquant de 34 ans de la Lazio.
Mais comme l'a prouvé l'Italie il y a trois ans, elle peut s'appuyer sur tout son effectif pour marquer : pas moins de sept joueurs différents ont fait trembler les filets lors de sa campagne victorieuse à l'EURO 2020.

LE SAVIEZ-VOUS ?

L'Italie participe à l'EURO pour la 11e fois et, lorsqu'elle s'est qualifiée, elle n'a été éliminée en phase de groupes qu'à deux reprises.

GROUPE B
ALBANIE

L'Albanie participe au deuxième tournoi majeur de son histoire, après y avoir fait ses premiers pas à l'UEFA EURO 2016. En France, elle avait presque atteint les 8es de finale. Après avoir remporté son groupe de qualification, elle vise une première participation à la phase à élimination directe.

Le savoir-faire sud-américain a contribué au succès de l'Albanie, qui a terminé en tête de son Groupe E dans les éliminatoires : son sélectionneur Sylvinho est brésilien et compte parmi ses adjoints son compatriote Doriva et l'ex-star argentine Pablo Zabaleta.

Ils ont été appelés en janvier de l'an dernier au chevet d'une équipe au moral en berne après son échec en éliminatoires de la Coupe du monde de la FIFA. L'Albanie se préparait alors à relever un sacré défi au sein d'un groupe de qualification dans lequel figuraient deux Mondialistes, la Tchéquie et la Pologne.

Pourtant, les Albanais n'ont perdu qu'un seul match dans ces éliminatoires : le premier, 1-0 en Pologne. Ils ont ensuite réalisé une série de quatre victoires et trois nuls, dont un succès 2-0 sur la Pologne à Tirana, avant de conclure en battant la Tchéquie 3-0, avec un doublé de Taulant Seferi et un but de Jasir Asani, qui évolue en République de Corée.

Seferi a évolué dans différentes sélections juniors de la Macédoine du Nord, le pays où il est né, avant d'adopter la nationalité albanaise en 2017.

L'Albanie a assuré sa qualification à une journée de la fin en prenant la tête de son groupe grâce à un nul 1-1 en Moldavie. Sokol Cikalleshi a ouvert le score sur un penalty consécutif à

CI-DESSUS : l'Albanie a participé aux éliminatoires de l'EURO à 13 reprises, mais n'avait jusqu'ici réussi à se qualifier qu'une fois, en 2016

L'ALBANIE au Championnat d'Europe de l'UEFA

1960	N'a pas participé
1964	Non qualifiée
1968	Non qualifiée
1972	Non qualifiée
1976	N'a pas participé
1980	N'a pas participé
1984	Non qualifiée
1988	Non qualifiée
1992	Non qualifiée
1996	Non qualifiée
2000	Non qualifiée
2004	Non qualifiée
2008	Non qualifiée
2012	Non qualifiée
2016	Phase de groupes
2020*	Non qualifiée

*Phase finale 2020 disputée en 2021

SÉLECTIONNEUR

SYLVINHO

En 2006 et 2009, c'est au poste d'arrière-gauche que Sylvinho a remporté l'UEFA Champions League avec Barcelone. Ce fut l'apogée de la carrière de joueur de Sylvio Mendes Campos Júnior (son nom complet). Il a également joué aux Corinthians (Brésil), à Arsenal et Manchester City (Angleterre) et au Celta Vigo (Espagne) avant de devenir entraîneur. Adjoint à l'Inter Milan et en équipe du Brésil, il a ensuite pris seul les rênes à l'Olympique lyonnais puis à son ancien club, Corinthians. Sylvinho a été nommé sélectionneur de l'Albanie en janvier de l'an dernier.

JOUEUR CLÉ

ETRIT BERISHA

POSTE : gardien de but
CLUB : Empoli (ITALIE)
ÂGE : 35 ans
NAISSANCE : 10 mars 1989, à Pristina (Kosovo)
1re SÉLECTION : 27 mai 2012 contre l'Iran
80 **SÉLECTIONS** • 0 **BUT**

Etrit Berisha est né au Kosovo, mais il est éligible pour l'équipe d'Albanie par son histoire familiale et il a honoré sa première sélection en 2012, sous la direction de Gianni De Biasi. Fiable et patron de sa surface de réparation, Berisha est parvenu à devenir le n° 1 de son pays. Il y a quatre ans, il a été l'un des héros de l'Albanie à l'EURO 2016. Berisha a commencé sa carrière au Kosovo, avant de rejoindre la Suède en s'engageant au Kalmar. Élu Gardien de l'année du championnat suédois en 2013, il a fait la suite de sa carrière en Italie. Arrivé à la Lazio, il a ensuite évolué à l'Atalanta, au SPAL et au Torino, avant de signer à Empoli en août dernier. Berisha possède des statistiques impressionnantes aux tirs au but : comme gardien bien sûr, mais aussi en tant que tireur.

une faute sur Seferi. Leur gardien Etrit Berisha a encaissé l'égalisation en toute fin de match. De retour à Tirana, ils ont été fêtés par une foule en liesse.

Un score nul et vierge face aux Îles Féroé a permis aux Albanais de remporter leur groupe, à égalité de points avec la Tchéquie qu'ils devançaient aux confrontations directes.

L'effectif albanais s'appuie sur des joueurs évoluant en Allemagne, Angleterre, Belgique, Croatie, Espagne, Italie, République de Corée, Russie, Suède, Tchéquie, Turquie et aux Émirats arabes unis.

Il est composé de joueurs possédant une grande expérience internationale, ainsi que d'un gardien expérimenté, Berisha, qui a disputé l'EURO 2016. En défense, Elseid Hysaj et son capitaine Berat Djimsiti (né en Suisse) comptent plus de 50 sélections. Les milieux de terrain sont également aguerris, à l'image d'Odise Roshi et Keidi Bare, en plus de Klaus Gjasula, Nedim Bajrami et Ylber Ramadani. Les Albanais ont toutefois souvent dépendu de leurs jeunes pépites offensives, Asani et Seferi. Le premier a été le meilleur buteur de l'Albanie avec trois réalisations, ex aequo avec le milieu de terrain Bajrami.

Le football a été introduit en Albanie au début du xxe siècle, mais c'est en 1932 que la fédération nationale a été créée, puis en 1946 l'équipe nationale a disputé son premier match, face à la Yougoslavie voisine. Plusieurs joueurs marquants ont évolué en Italie au début des années 1940, dont Riza Lushta, Loro Borici et Naim Kryeziu. Il y eut ensuite Panajot Pano, star des années 1950 et du début des années 1960 puis Sulejman Demollari.

À cette époque-là, l'Albanie sortait d'une isolation politique et sportive, et participait aux tours de qualification de l'EURO et de la Coupe du monde. Des échecs jusqu'à l'EURO 2016, où l'Albanie a enfin participé à une phase finale.

En France, une victoire 1-0 sur la Roumanie lui a permis de s'offrir la troisième place de son groupe, ce qui n'a pas suffi pour atteindre les 8es de finale. Une nouvelle occasion lui est donnée de briller.

LE SAVIEZ-VOUS ?

L'équipe nationale d'Albanie – surnommée les *Rouge et Noir* ou les *Aigles* – dispute un tournoi majeur pour la seconde fois, après avoir participé à l'UEFA EURO 2016.

UEFA EURO2024 GERMANY

1972

Moments magiques :

L'AVÈNEMENT DE BECKENBAUER

29 avril 1972/Wembley

Jamais une équipe d'Allemagne senior ne s'était imposée en Angleterre lorsque le sélectionneur Helmut Schön a mené ses hommes à Wembley pour un quart de finale aller de l'EURO en 1972. Avec un groupe amputé de plusieurs blessés, il a misé sur trois jeunes du Bayern Munich : Paul Breiter, Hans-Georg Schwarzenbeck et Uli Hoeness. C'est pourtant l'alchimie entre le meneur de jeu Günter Netzer et son libero et capitaine Franz Beckenbauer qui a inspiré la RFA vers une victoire 3-1. Hoeness, Netzer et Gerd Müller ont marqué les buts qui ont infligé à l'Angleterre sa quatrième défaite seulement à Wembley contre un adversaire continental. La sélection allemande a ensuite remporté sa première couronne européenne en battant l'Union soviétique 3-0 lors de la finale disputée à Bruxelles. Deux ans plus tard, Beckenbauer et ses coéquipiers remporteraient également la Coupe du monde de la FIFA.

À GAUCHE : le capitaine Franz Beckenbauer au duel avec Norman Hunter lors du match retour à Berlin Ouest qui validait la qualification de la RFA en pour les demi-finales de l'EURO 1972 aux dépens de l'Angleterre

UEFA EURO2024 GERMANY

GROUPE C

Le Danemark a remporté l'édition 1992 et a atteint les demi-finales en 1964, 1984 et à l'EURO 2020. L'Angleterre a été finaliste de l'EURO 2020 et demi-finaliste en 1968 et 1996. La Serbie (alors Serbie-et-Monténégro) a disputé les quarts de finale en 2000. La Slovénie participe à sa seconde phase finale.

- Slovénie
- Danemark
- Serbie
- Angleterre

GROUPE C

SLOVÉNIE

Pour sa quatrième participation à un tournoi majeur, la Slovénie aura sans doute l'ambition de franchir la phase de groupes, qui a été son plafond de verre à l'UEFA EURO 2020 comme à ses deux Coupes du monde. Elle pourra s'appuyer sur la confiance engrangée dans les éliminatoires.

Le Groupe H proposait un plateau relevé, avec le Danemark, la Finlande, le Kazakhstan, l'Irlande du Nord et Saint-Marin. Les Slovènes sont bien entrés dans la compétition, en battant le Kazakhstan 2-1 après avoir été menés au score à la pause, grâce à des buts signés David Brekalo, son défenseur évoluant au Viking FK (Norvège), et Žan Vipotnik, l'attaquant des Girondins de Bordeaux.

Vipotnik était entré en jeu tout juste huit minutes plus tôt et il a honoré cette première sélection en marquant le but de la victoire. Il en profitait pour devenir le deuxième plus jeune buteur de l'histoire de la Slovénie, à seulement 21 ans. Coïncidence, c'est le plus jeune buteur, Benjamin Šeško, qui a ouvert le score au match suivant, un succès 2-0 sur Saint-Marin. Les Slovènes achevaient la trêve internationale printanière par une défaite en Finlande et un nul à domicile face au favori du groupe, le Danemark.

Ils renouaient avec le succès à l'automne, avant un ultime match décisif contre le Kazakhstan. Les hommes de Matjaž Kek avaient besoin d'un nul à Ljubljana, ils l'ont emporté 2-1 grâce à Šeško (sur penalty) et Benjamin Verbič. Cette victoire les mettait à égalité de points avec le Danemark, qui les devançait finalement aux confrontations

CI-DESSUS : la Slovénie a participé à la phase de groupes de l'EURO dès la deuxième fois où elle a participé aux éliminatoires, en 2000 en Belgique et aux Pays-Bas

LA SLOVÉNIE au Championnat d'Europe de l'UEFA

1960	Pas d'équipe nationale
1964	Pas d'équipe nationale
1968	Pas d'équipe nationale
1972	Pas d'équipe nationale
1976	Pas d'équipe nationale
1980	Pas d'équipe nationale
1984	Pas d'équipe nationale
1988	Pas d'équipe nationale
1992	Pas d'équipe nationale
1996	Non qualifiée
2000	Phase de groupes
2004	Non qualifiée
2008	Non qualifiée
2012	Non qualifiée
2016	Non qualifiée
2020*	Non qualifiée

*Phase finale 2020 disputée en 2021

SÉLECTIONNEUR

MATJAŽ KEK

Matjaž Kek honore son second mandat à la tête de l'équipe nationale. Il a commencé sa carrière dans le club de sa ville natale, Maribor, qu'il a mené au titre en 2000 puis en 2003. Trois ans plus tard, Kek a été sélectionneur des équipes nationales juniors. En 2007, il était promu à la tête de l'équipe senior, qu'il a guidée jusqu'à la Coupe du monde de la FIFA 2010 en Afrique du Sud. Il a ensuite entraîné Al-Ittihad (Arabie saoudite) avant d'aider Rijeka à remporter le championnat croate et deux coupes nationales. Kek a été rappelé à la tête de la Slovénie en novembre 2018 et a qualifié l'équipe pour l'EURO 2020.

JOUEUR CLÉ

BENJAMIN ŠEŠKO

POSTE : attaquant
CLUB : Leipzig (ALLEMAGNE)
ÂGE : 21 ans
NAISSANCE : 31 mai 2003, à Radeče
1re SÉLECTION : 1er juin 2021 contre la Macédoine du Nord
26 **SÉLECTIONS** • 10 **BUTS**

Benjamin Šeško a eu un bel impact sur la campagne de qualification de l'UEFA EURO 2024 de la Slovénie avec ses cinq buts. Né dans l'est du pays, à Radeče, il a commencé à se distinguer chez l'équipe M15 du NK Krško. Son efficacité offensive s'est poursuivie au NK Domžale, qu'il a rejoint en 2018. L'année suivante, il a découvert le championnat autrichien avec Salzbourg. Prêté dans la foulée à Liefering, il revient ensuite à Salzbourg et remporte le doublé coupe-championnat en 2021-2022. Meilleur buteur et de nouveau champion en 2023, il s'engage ensuite au RB Leipzig. Šeško est ensuite devenu le plus jeune international slovène en honorant sa première sélection à 18 ans et un jour, lors d'un nul 1-1 contre la Macédoine du Nord.

directes. La Slovénie fait donc son retour à l'EURO, 20 ans apres sa dernière participation, en Belgique et aux Pays-Bas. Šeško a été son meilleur buteur avec cinq réalisations.

« Nous sommes heureux, ravis et fiers », a déclaré le sélectionneur Kek. « Cette génération de footballeurs le mérite. Ils ont restauré la foi dans le football slovène. » Le président slovène de l'UEFA, Aleksander Čeferin, l'a décrit comme « un jour de joie pour le football slovène, pour la Slovénie et pour les sports slovènes. »

Aujourd'hui bordée par l'Autriche, la Croatie, la Hongrie et l'Italie, la Slovénie avait été intégrée à la Yougoslavie fraîchement créée en 1918. Elle n'avait donc pas d'équipe nationale à proprement parler, mais une sélection régionale qui la représentait, celle qui s'est inclinée 5-0 contre la France dans un match officieux en 1921. Elle a disputé quelques rencontres amicales de ce type jusqu'à ce que la Slovénie ne gagne son indépendance en 1992 et que sa fédération nationale ne rejoigne l'UEFA.

Le pays a écrit un nouveau chapitre de son histoire en disputant son premier tournoi majeur, l'EURO 2000, pour lequel elle s'est qualifiée en battant l'Ukraine en barrages (tot. 3-2). En phase finale, elle a mené 3-0 face à ses voisins de la Serbie-et-Monténégro avant d'encaisser trois buts tardifs, puis elle s'est inclinée contre l'Espagne et a été éliminée au terme d'un nul face à la Norvège.

La star de l'effectif qui a mis fin à deux décennies d'absence à l'EURO est sans conteste son gardien Jan Oblak (Atlético) qui est considéré comme l'un des meilleurs portiers du monde. Les défenseurs les plus expérimentés évoluent en Italie : Petar Stojanović (Sampdoria) et Jaka Bijol (Udinese). Au milieu, Jasmin Kurtić compte plus de 80 sélections, tandis que Verbič a franchi la barre des 50 matches.

Šeško (RB Leipzig) s'est révélé comme le nouvel attaquant star de la Slovénie durant les éliminatoires, alors que Luka Zahović offre un lien avec l'équipe qui a disputé le dernier EURO : son père Zlatko Zahović menait l'attaque de la Slovénie à l'époque et reste le meilleur buteur du pays.

LE SAVIEZ-VOUS ?

La Slovénie a participé une seule fois à l'EURO, lors de l'édition 2000, où elle a été éliminée en phase de groupes.

GROUPE C

DANEMARK

Le Danemark fait partie du groupe d'élite des 10 nations à avoir remporté le Championnat d'Europe de l'UEFA. L'équipe, baptisée *Danish Dynamite*, a triomphé en 1992, et les générations suivantes ont tout tenté pour renouer avec la gloire. L'EURO 2024 leur en donne une nouvelle opportunité.

Le Danemark a remporté son Groupe H de qualification à une journée de la fin après avoir démarré fort, avec une victoire 3-1 contre la Finlande sur un triplé de Rasmus Højlund. L'attaquant star a également réalisé un doublé au match suivant pour permettre aux Danois de mener 2-0 à la mi-temps au Kazakhstan. Ils ont toutefois chuté en seconde période, finissant par s'incliner 3-2.

Le Danemark a rebondi au printemps en s'imposant contre l'Irlande du Nord, avant de ramener le nul 1-1 de la Slovénie. Elle a ensuite réussi une série phénoménale de cinq victoires à l'automne culminant par un succès 2-1 important contre les Slovènes.

Gêné par une blessure à la Coupe du monde de la FIFA 2022, Thomas Delaney a inscrit le deuxième but décisif pour couronner la meilleure prestation du Danemark dans ces éliminatoires, et valider au passage la qualification pour l'Allemagne.

Cette victoire était d'autant plus impressionnante qu'elle a été acquise en l'absence d'Højlund, du capitaine Simon Kjær et de son meneur de jeu Christian Eriksen. Danois et Slovènes ont terminé avec 22 points, mais les hommes de Hjulmand ont remporté la première place au bénéfice des confrontations directes entre les deux nations.

CI-DESSUS : le Danemark fait son retour en phase finale et espère reproduire son exploit de 1992. Il a également été deux fois demi-finaliste

LE DANEMARK au Championnat d'Europe de l'UEFA

1960	Non qualifié
1964	4e place
1968	Non qualifié
1972	Non qualifié
1976	Non qualifié
1980	Non qualifié
1984	Demi-finales
1988	Phase de groupes
1992	VAINQUEUR
1996	Phase de groupes
2000	Phase de groupes
2004	Phase de groupes
2008	Non qualifié
2012	Phase de groupes
2016	Non qualifié
2020*	Demi-finales

*Phase finale 2020 disputée en 2021

SÉLECTIONNEUR

KASPER HJULMAND

Kasper Hjulmand (52 ans) est devenu entraîneur après une blessure au genou en tant que joueur à 26 ans. Après un premier poste à Lyngby, il a guidé Nordsjælland au titre en 2012. Hjulmand a ensuite entraîné Mayence en 2014, avant de retourner à Nordsjælland, puis de succéder à Åge Hareide au poste de sélectionneur en 2020. L'année suivante, Hjulmand a mené le Danemark en demi-finale de l'EURO, avant de s'incliner après prolongation contre l'Angleterre à Wembley. Les hommes de Hjulmand n'ont toutefois pas franchi la phase de groupes à la Coupe du monde de la FIFA 2022.

JOUEUR CLÉ

RASMUS HØJLUND

POSTE : attaquant
CLUB : Manchester United (ANGLETERRE)
ÂGE : 21 ans
NAISSANCE : 4 février 2003, à Copenhague
1re SÉLECTION : 22 septembre 2022 contre la Croatie
10 **SÉLECTIONS** • 7 **BUTS**

Rasmus Højlund est la plus belle sensation du Danemark depuis longtemps. L'attaquant né à Copenhague a seulement fait ses débuts en sélection lors de l'UEFA Nations League en 2022 et n'a connu sa première titularisation que le jour de son triplé contre la Finlande dans les éliminatoires de l'EURO. Il a terminé meilleur buteur du Danemark dans ces qualifications, avec sept réalisations. Entre-temps, Højlund avait rejoint Manchester United pour un montant de 74 M€. Il a signé son premier contrat professionnel au FC Copenhague en 2021. En janvier 2022, il partait en Autriche pour rejoindre le Sturm Graz, mais n'y restait que six mois avant d'être transféré à l'Atalanta. Højlund a inscrit neuf buts en 32 matches de Serie A, avant d'être vendu à United en août dernier.

Les premiers succès du Danemark remontent à plus d'un siècle : il a gagné le tournoi de football des Jeux olympiques en 1906, en plus d'avoir décroché l'argent en 1908 et 1912. Parmi ses joueurs exceptionnels figuraient Nils Middelboe.

S'ensuivit une longue période de disette qui s'est achevée dans les années 1970. Une vague de joueurs extraordinaires a quitté le Danemark pour aller briller à l'étranger, dont Allan Simonsen, Ballon d'or 1977. Cela a poussé les autorités à lever en 1976 l'interdiction faite aux « exilés » d'évoluer en équipe nationale. Des stars comme Simonsen, Michael Laudrup, Preben Elkjær, Jesper Olsen, Morten Olsen et Søren Lerby ont alors apporté leur expérience du haut niveau. Soudain, le Danemark est redevenu une équipe redoutable sur la scène internationale.

Portée par ses stars et des jeunes de talent, elle a atteint les demi-finales de l'EURO 1984 en France, puis les 8es de finale de la Coupe du monde au Mexique en 1986. Une nouvelle génération comportant le frère de Michael Laudrup, Brian, a ensuite propulsé les Danois sur le toit de l'Europe en 1992, au terme d'un tournoi auquel ils ont été appelés à la dernière minute pour remplacer la Yougoslavie.

Par la suite, le Danemark a participé à cinq phases finales de l'EURO et de la Coupe du monde. La dernière en date : une demi-finale de l'EURO 2020 reprogrammé. Le capitaine Kjær et l'équipe médicale de la DBU ont été décorés par l'UEFA pour leur réaction rapide à l'arrêt cardiaque subi par Eriksen en plein match, contre la Finlande.

Le meneur de jeu s'en est remis et a repris sa carrière en club comme en sélection. C'est l'un des neuf joueurs de l'effectif à compter plus de 50 sélections. Kasper Schmeichel est le gardien titulaire depuis une décennie, tandis que la défense est dirigée par Kjær (recordman du nombre de sélections) accompagné d'Andreas Christensen et Jens Stryger Larsen. Dans l'entrejeu, Eriksen est épaulé notamment par Delaney et Pierre-Emile Højbjerg, qui créent des ouvertures pour Martin Braithwaite et Højlund, le jeune attaquant à l'ascension stratosphérique.

LE SAVIEZ-VOUS ?

Le Danemark dispute son dixième EURO : ce sera sa troisième participation au cours des quatre dernières éditions.

GROUPE C

SERBIE

La Serbie participe à l'EURO pour la première fois en tant que pays indépendant depuis la fragmentation de l'ex-Yougoslavie. Les hommes de Dragan Stojković sont parvenus à arracher leur qualification au sein d'un groupe très régional, démontrant la qualité de son effectif.

Dans les années 1930, la Yougoslavie était surnommée « l'Argentine de l'Europe », en référence au nombre de ses joueurs qui évoluaient à l'étranger. À cette époque, c'était l'une des quatre nations européennes seulement à participer à la toute première Coupe du monde de la FIFA, en Uruguay. La Serbie a également fait partie des pionniers à la première Coupe d'Europe des Nations en 1960 : elle a atteint la finale disputée à Paris, avant de s'incliner contre l'Union soviétique.

De nouveau finaliste en 1968, la Yougoslavie brillait également par ses clubs : le Partizan Belgrade, mais surtout l'Étoile rouge, qui a remporté la Coupe de l'UEFA et la Coupe des clubs champions européens avant la dissolution du pays au début des années 1990. Par la suite, la Serbie-et-Monténégro s'est qualifiée pour la Coupe du monde 1998 en France, menée par des stars comme Dejan Savićević, Predrag Mijatović et Siniša Mihajlović.

Deux ans plus tard, la Serbie-et-Monténégro disputait l'EURO en Belgique et aux Pays-Bas. Elle a atteint les quarts de finale avant de tomber face aux Néerlandais. L'union politique avec le Monténégro a été dissoute en 2006. Depuis, la Serbie a participé trois fois à la Coupe du monde, mais c'est sa première campagne à l'EURO sous cette identité.

CI-DESSUS : Après deux décennies d'absence, la Serbie fait son retour à l'EURO

LA SERBIE au Championnat d'Europe de l'UEFA

1960**	Finaliste
1964**	Non qualifiée
1968**	Finaliste
1972**	Non qualifiée
1976**	4e place
1980**	Non qualifiée
1984**	Phase de groupes
1988**	Non qualifiée
1992**	Disqualifiée
1996**	N'a pas participé
2000**	Quarts de finale
2004***	Non qualifiée
2008	Non qualifiée
2012	Non qualifiée
2016	Non qualifiée
2020*	Non qualifiée

*Phase finale 2020 disputée en 2021
**En tant que Yougoslavie
***En tant que Serbie-et-Monténégro

SÉLECTIONNEUR

DRAGAN STOJKOVIĆ

Dragan Stojković (59 ans) a été nommé en mars 2021, pour mener la Serbie à la Coupe du monde de la FIFA, avant d'enchaîner sur l'UEFA EURO 2024. Surnommé « Piksi » (un personnage de dessin animé), Stojković a été l'un des plus grands joueurs de la Serbie. Il a inscrit 15 buts en 84 sélections pour la Yougoslavie, dont la plupart en tant que capitaine. Il a été président de la fédération nationale de football et de son ancien club, l'Étoile Rouge de Belgrade, avant d'entraîner en Japon et en Chine.

JOUEUR CLÉ

DUŠAN TADIĆ

POSTE : attaquant
CLUB : Fenerbahçe (TURQUIE)
ÂGE : 35 ans
NAISSANCE : 20 novembre 1988, à Bačka Topola
1re SÉLECTION : 14 décembre 2008 contre la Pologne
104 **SÉLECTIONS** • 22 **BUTS**

Dušan Tadić a représenté la Serbie aux Jeux olympiques de Pékin 2008, avant d'être promu en équipe nationale A pour un amical de fin d'année contre la Pologne. Il a participé à la Coupe du monde 2018, puis à l'édition 2022 en tant que capitaine. Tadić a fêté sa 100e sélection en septembre dernier, à l'occasion d'une victoire 3-1 en Lituanie en qualification de l'EURO. Après avoir commencé sa carrière à Vojvodina, il a joué aux Pays-Bas (à Groningue et Twente) puis en Angleterre (à Southampton) avant de revenir en terres néerlandaises, chez l'Ajax. Il a connu cinq saisons exceptionnelles à Amsterdam, avec trois titres de champion et deux coupes nationales – en plus d'être nommé joueur de la saison en 2021. Il a signé à Fenerbahçe en juillet de l'an dernier.

La Serbie a hérité du Groupe G de qualification qui comportait trois pays voisins – Bulgarie, Hongrie et Monténégro – en plus de la Lituanie, qu'elle a battue 2-0 en ouverture, à Belgrade. L'expérimenté Dušan Tadić et Dušan Vlahović (Juventus) ont marqué dans cette entame parfaite. Vlahović s'est ensuite offert un doublé en fin de match dans le « derby » face au Monténégro à Podgorica. À la fin du printemps, la Serbie pointait en tête de son groupe avec la Hongrie.

La reprise des éliminatoires à l'automne s'est soldée par deux défaites contre la Hongrie, avant que la Serbie ne rebondisse en battant le Monténégro. Le meilleur buteur serbe Aleksandar Mitrović a inscrit un doublé dans ce succès 3-1 qui ouvrait la voie à un ultime match à suspense contre la Bulgarie. Au coup d'envoi, les Serbes comptaient deux points de retard sur une équipe de Hongrie déjà qualifiée, mais deux points d'avance sur le Monténégro. Le point du nul leur suffisait donc pour se qualifier, même en cas de victoire des Monténégrins à Budapest. En milieu de seconde période, rien n'était fait, car la Bulgarie menait 2-1. Il restait huit minutes de jeu lorsque Srđan Babić marquait de la tête à bout portant pour arracher le nul et la seconde place synonyme de qualification.

Le sélectionneur vétéran Dragan Stojković comptera une nouvelle fois sur Mitrović pour provoquer le danger en phase finale. Champion d'Europe junior M19, Mitrović est le fer de lance de l'attaque serbe depuis une décennie et il est désormais épaulé par le talentueux Vlahović.

Predrag Rajković (Majorque) et Vanja Milinković-Savić (Torino) se partagent le poste de gardien, tandis que la solidité défensive est confiée notamment à Nemanja Gudelj (Séville) et Nikola Milenković (Fiorentina). Au milieu de terrain, Stojković n'a que l'embarras du choix : il peut également compter sur Filip Kostić (Juventus), Nemanja Maksimović (Getafe), Filip Đuričić (Panathinaïkos), Nemanja Radonjić (Torino) et Saša Lukić (Fulham) – sans compter Tadić.

La Serbie est de retour.

LE SAVIEZ-VOUS ?

Les footballeurs serbes ont été absents de l'EURO depuis 24 ans, lorsque ce qui était alors la Serbie-et-Monténégro y a participé pour la première fois.

GROUPE C

ANGLETERRE

C'est forte de son histoire et de son expérience dans les grands tournois que l'Angleterre se présente à l'UEFA EURO 2024. Les *Three Lions* ont l'ambition dévorante de remporter un titre après leur défaite aux tirs au but contre l'Italie à Wembley en finale de la dernière édition.

Après huit ans à la tête de l'équipe, Gareth Southgate est l'un des sélectionneurs les plus expérimentés. Au terme de la campagne de qualification, il avait dirigé l'Angleterre à 91 reprises, un total seulement dépassé par Sir Bobby Robson (95), Sir Alf Ramsey (113) et Sir Walter Winterbottom (139).

Les *Three Lions* ont fêté leurs débuts dans la compétition en 1968, lors de la troisième édition de ce qui était alors la Coupe d'Europe des Nations, à l'époque où le tenant du titre de la Coupe du monde de la FIFA était directement qualifié pour les demi-finales. Ils ont ensuite systématiquement buté sur la première marche, jusqu'à atteindre le dernier carré en 1996, à domicile. Mais leurs rêves éclataient à Wembley après une défaite aux tirs au but contre l'Allemagne. La dernière tentative anglaise manquée était l'œuvre d'un certain Gareth Southgate.

Ce dernier a repris du service en 2016, au poste de sélectionneur, pour mener l'Angleterre en demi-finales de la Coupe du monde 2018 et de l'UEFA Nations League en 2019. Son équipe a conservé son standing en atteignant la finale de l'EURO 2020, puis les quarts de finale du Mondial 2022 au Qatar.

La colonne vertébrale de son équipe a été un modèle de constance. Parmi les joueurs majeurs figurent Jordan

CI-DESSUS : il faudra compter sur l'Angleterre, qui connaîtra sa 11e participation à la phase finale, dont elle n'a manqué qu'une seule édition depuis qu'elle a atteint la phase de groupes en 1988

L'ANGLETERRE au Championnat d'Europe de l'UEFA

1960	N'a pas participé
1964	Non qualifiée
1968	3e place
1972	Non qualifiée
1976	Non qualifiée
1980	Phase de groupes
1984	Non qualifiée
1988	Phase de groupes
1992	Phase de groupes
1996	Demi-finales
2000	Phase de groupes
2004	Quarts de finale
2008	Non qualifiée
2012	Quarts de finale
2016	8e de finale
2020*	Finaliste

*Phase finale 2020 disputée en 2021

SÉLECTIONNEUR

GARETH SOUTHGATE

Gareth Southgate peut être fier de ses résultats en tant que sélectionneur de l'équipe d'Angleterre : finaliste de l'UEFA EURO 2020, il avait atteint le dernier carré de la Coupe du monde de la FIFA 2018 en Russie. Ancien international (57 sélections), Southgate a surtout évolué au poste de milieu défensif de 1995 à 2004. Il a ainsi participé à la Coupe du monde 1998 ainsi qu'à l'EURO en 1996 et 2000. Devenu entraîneur, il a dirigé Middlesbrough pendant trois ans, avant de rejoindre la Football Association en 2009. Southgate (53 ans) a été sélectionneur des Espoirs de 2013 à 2016, date à laquelle il a pris la charge de l'équipe A.

JOUEUR CLÉ

JUDE BELLINGHAM

POSTE : milieu de terrain
CLUB : Real Madrid (ESPAGNE)
ÂGE : 20 ans
NAISSANCE : 29 juin 2003, à Stourbridge
1re SÉLECTION : 2 novembre 2020 contre la République d'Irlande
27 **SÉLECTIONS** • 2 **BUTS**

Jude Bellingham est l'un des jeunes joueurs d'Europe les plus excitants à voir jouer. Formé à Birmingham City, il a fait ses armes au Borussia Dortmund avant de rejoindre le Real Madrid l'été dernier pour 103 M€ (hors bonus). Ce milieu offensif a été le joueur le plus précoce de Birmingham, avec un premier match professionnel en 2019 à 16 ans et 38 jours. Il a passé trois saisons à Dortmund, où il a remporté la Coupe d'Allemagne et le titre de Joueur de la saison en Bundesliga. À Madrid, Bellingham a pris le mythique maillot n° 5 de Zinedine Zidane et parfaitement réussi ses débuts, avec 10 buts sur ses 10 premiers matches. En équipe d'Angleterre, il a fait toutes les catégories d'âge : M15, M16, M17 et Espoirs, avant d'honorer sa première sélection en A en 2020. Il a participé à l'UEFA EURO 2020 et à la Coupe du monde 2022 au Qatar, où il a marqué le but de la victoire contre l'Iran.

Pickford au but ; Kyle Walker, John Stones et Harry Maguire en défense ; Declan Rice dans l'entrejeu ; et Harry Kane en pointe, souvent assisté de Phil Foden, Bukayo Saka, Marcus Rashford et Jack Grealish. Le joker de cette formation qui se rend en Allemagne est Jude Bellingham. Le talentueux milieu de terrain du Real Madrid avait été convoqué à l'EURO 2020, avant de devenir un titulaire indiscutable pendant la Coupe du monde 2022 et les éliminatoires de l'EURO 2024.

Les Anglais ont pris les commandes de leur Groupe C de qualification dès le départ, en mars dernier. Ils ont commencé par envoyer un message au reste de l'Europe en battant l'Italie championne en titre 2-1 au Stadio Diego Armando Maradona de Naples. Lorsque Kane a marqué le second but anglais, sur penalty, il a dépassé le record de Wayne Rooney, auteur de 53 réalisations. Malgré un carton rouge pour son défenseur Luke Shaw en fin de match, l'Angleterre a tenu bon pour décrocher son premier succès en Italie depuis 1961.

Elle a ensuite enchaîné des victoires contre l'Ukraine, à Malte et contre la Macédoine du Nord (avec un triplé de Saka), avant de concéder ses premiers points à l'occasion d'un match nul 1-1 contre l'Ukraine à Wroclaw (Pologne). Mais il s'agirait là seulement d'un contretemps.

L'Angleterre assurait en effet sa qualification dès le match suivant, grâce à un succès 3-1 sur l'Italie à Wembley – le premier contre les *Azzurri* dans son antre depuis 1977. Kane s'est offert un doublé (dont un but sur penalty) pour dépasser le record du nombre de buts inscrits par un joueur de l'Angleterre à Wembley, détenu par Sir Bobby Charlton (23 buts).

Deux matches avant la fin, la sélection anglaise a donc décroché son billet pour l'Allemagne, où Southgate concède qu'elle fera partie des favoris. « Nous devons accepter les attentes », a-t-il déclaré après la victoire contre l'Italie à Wembley. « La pression est générée par des attentes qui ne correspondent pas à la réalité. Mais la réalité, c'est que nous serons l'une des équipes capables de gagner en Allemagne. Ça nous va. »

LE SAVIEZ-VOUS ?

L'Angleterre a disputé son premier match officiel en 1872, contre l'Écosse.

EURO2024
GERMANY

1984

Moments magiques :

UN PLATINI RECORD

27 juin 1984/Paris

C'est en capitaine et meilleur buteur du tournoi que Michel Platini a mené la France au sacre dans l'édition qu'elle organisait, succédant ainsi à la RFA. Ce succès venait effacer la défaite en demi-finale de l'EURO 1960 devant ses fans. Le sélectionneur Michel Hidalgo avait bâti une équipe autour d'un milieu de terrain regorgeant de talents, où Platini était soutenu par Alain Giresse, Jean Tigana et Luis Fernandez. En phase de groupes, Platini a inscrit l'unique but du premier match contre le Danemark, avant de s'offrir un triplé à la fois contre la Belgique et la Yougoslavie. Puis son but en prolongation a mis un terme à une demi-finale palpitante contre le Portugal. Platini a conclu un tournoi parfait en inscrivant un coup franc direct pour ouvrir le score en finale contre l'Espagne, ouvrant la voie à un succès 2-0 qui lui a permis de brandir haut le trophée Henri Delaunay.

À DROITE : meilleur buteur de l'EURO 1984, le capitaine Michel Platini convertit un coup franc pour ouvrir le score pour les *Bleus* en finale contre l'Espagne

canon
Coca-Cola

GROUPE D

La France a été deux fois championne, une fois finaliste et deux fois demi-finaliste. Les Pays-Bas ont été sacrés en 1988 et quatre fois demi-finalistes. Les *Bleus* et les *Oranje* ont atteint les 8es de finale de l'UEFA EURO 2020. Tout comme l'Autriche, qui disputait sa troisième édition seulement.

- Vainqueur des barrages A
- Pays-Bas
- Autriche
- France

POLOGNE

Après avoir atteint les 8es de finale de la Coupe du monde de la FIFA 2022 au Qatar, la Pologne a terminé troisième du Groupe E de qualification pour l'UEFA EURO 2024.

Les fans polonais ont été déçus de voir leur équipe terminer à la troisième place, derrière l'Albanie et la Tchéquie. En l'absence de qualification directe, l'expérimenté sélectionneur portugais Fernando Santos a été limogé et remplacé par Michał Probierz, qui dirigeait les Espoirs. Le joueur le plus important de la Pologne reste son capitaine Robert Lewandowski, qui a été élu joueur polonais de l'année à 11 reprises (un record), a remporté le Soulier d'or récompensant le meilleur buteur d'Europe en 2021 et 2022, et a été désigné deux fois meilleur joueur FIFA. Après avoir évolué au Legia Varsovie, à Znicz Pruszków et au Lech Poznań, il a brillé en Allemagne sous le maillot du Borussia Dortmund et du Bayern Munich. Parmi les autres joueurs expérimentés de la Pologne figurent également le gardien Wojciech Szczęsny, les défenseurs Bartosz Bereszyński et Jan Bednarek, les milieux de terrain Grzegorz Krychowiak et Kamil Grosicki, ainsi que l'attaquant Arkadiusz Milik.

SÉLECTIONNEUR

MICHAŁ PROBIERZ

JOUEUR CLÉ

ROBERT LEWANDOWSKI

POSTE : attaquant

CLUB : Barcelone (ESPAGNE)

ÂGE : 35 ans

La Pologne s'est qualifiée pour les barrages *via* son classement en Ligue A de l'UEFA Nations League.

Barrages : Voie A

PAYS DE GALLES

Le Pays de Galles aborde ces barrages en vue d'une troisième qualification consécutive, après avoir atteint le dernier carré en 2016 puis les 8es de finale de l'EURO 2020.

Les *Dragons* de Robert Page ont manqué la qualification directe en terminant à la troisième place de leur Groupe D, derrière la Turquie et la Croatie. Ils ont décroché leur billet pour les barrages *via* l'UEFA Nations League. Les Gallois étaient pourtant bien placés dans le sprint final, mais leurs matches nuls 1-1 contre l'Arménie et la Turquie ont été fatals à leurs ambitions. Leur attaque est orpheline du leadership de Gareth Bale, le meilleur buteur de son histoire qui a raccroché après la Coupe du monde de la FIFA au Qatar. Pourtant, Page possède toujours un effectif expérimenté avec le gardien Wayne Hennessey, les défenseurs Ben Davies et Connor Roberts, les milieux Harry Wilson et Ethan Ampadu, en plus de l'ailier tonitruant Daniel James et de Brennan Johnson, le jeune prodige de Tottenham. Et surtout, il peut compter sur le talent d'Aaron Ramsey dans l'entrejeu. Le capitaine gallois évolue désormais à Cardiff, après avoir joué à Arsenal, Nottingham Forest, la Juventus, les Rangers et l'OGC Nice.

SÉLECTIONNEUR

ROBERT PAGE

JOUEUR CLÉ

AARON RAMSEY

POSTE : milieu de terrain

CLUB : Cardiff City (P. DE GALLES)

ÂGE : 33 ans

Le Pays de Galles a été demi-finaliste à l'EURO 2018 en France.

Barrages : Voie A
FINLANDE

L'ambition de la Finlande dans ces barrages est de faire son retour en phase finale, après avoir disputé son premier tournoi majeur lors de l'UEFA EURO 2020.

Ancien enseignant, le sélectionneur Markku Kanerva a été nommé en 2016. Il a mené la Finlande à la troisième place d'un Groupe H de qualification très disputé, derrière le Danemark et la Slovénie. Les Finlandais ont décroché leur place en barrages après avoir terminé seconds du Groupe B3 de l'UEFA Nations League remporté par la Bosnie-Herzégovine. Leur meilleur buteur de ces éliminatoires de l'EURO a été Daniel Håkans, un ailier de 23 ans qui évolue à Vålerenga. Après avoir honoré sa première sélection en milieu de cette campagne, en juin 2023, il a fêté sa deuxième sélection en inscrivant un triplé lors de la victoire 6-0 sur Saint-Marin, alors qu'il est seulement entré en jeu en cours de match. L'attaque de la Finlande bénéficie aussi de l'expérience de Teemu Pukki, meilleur buteur du pays avec plus de 30 buts alors qu'il compte plus de 100 sélections. Pukki joue désormais aux États-Unis, au Minnesota United, où il s'est engagé après cinq saisons passées à Norwich City.

SÉLECTIONNEUR

MARKKU KANERVA

JOUEUR CLÉ

DANIEL HÅKANS

POSTE : attaquant
CLUB : Vålerenga (FINLANDE)
ÂGE : 23 ans

La Finlande vise une seconde participation consécutive à l'EURO.

Barrages : Voie A
ESTONIE

L'Estonie aborde les barrages avec un objectif clair : décrocher sa place pour la première fois de son histoire dans la compétition d'élite européenne.

L'Estonie évolue sur la scène internationale depuis 1920, malgré une pause de 50 ans à la suite de l'annexion du pays par l'Union soviétique. Après avoir repris son indépendance au début des années 1990, elle a disputé le premier match officiel de cette nouvelle ère contre la Slovénie à Tallinn en 1992 (1-1). À ce jour, elle n'a encore jamais participé à une phase finale de Coupe du monde ni de Championnat d'Europe de l'UEFA. Cette fois, malgré sa dernière place dans son groupe de qualification pour l'EURO 2024, l'Estonie s'est qualifiée *via* l'UEFA Nations League, dans laquelle elle avait remporté ses quatre matches au sein du Groupe D2, avec 10 buts inscrits et seulement deux encaissés. Grâce à ces succès contre Malte et Saint-Marin, à domicile comme à l'extérieur, l'Estonie évoluera également en Ligue C de l'UEFA Nations League lors de la prochaine édition. Depuis janvier 2021, le sélectionneur de l'Estonie est l'ancien attaquant suisse Thomas Häberli (49 ans).

SÉLECTIONNEUR

THOMAS HÄBERLI

JOUEUR CLÉ

KAROL METS

POSTE : défenseur
CLUB : FC St Pauli (ALLEMAGNE)
ÂGE : 30 ans

L'Estonie n'a jamais atteint la phase finale du Championnat d'Europe de l'UEFA.

GROUPE D

PAYS-BAS

Le football néerlandais fait vibrer le monde entier. L'héritage du « Football total » entrepris par Johan Cruyff continue d'inspirer aussi bien son équipe nationale que ses clubs. Pourtant, l'unique trophée majeur des *Oranje* reste à ce jour celui de l'EURO 1988. Il est temps que cela change.

Alors que les Pays-Bas se préparent à retourner en Allemagne, où ils ont remporté le Championnat d'Europe de l'UEFA il y a 36 ans, le capitaine Virgil van Dijk est confiant sur les chances de son équipe. « Je pense qu'on peut être fiers de nous, de ce résultat acquis malgré les blessures. On s'est battus en équipe et on peut s'appuyer là-dessus. »

Les Néerlandais ont décroché leur qualification en terminant deuxièmes du Groupe B, derrière la France. Ces deux nations, toutes deux battues par l'Argentine à la Coupe du monde de la FIFA 2022, ont livré une affiche alléchante dès l'entame des éliminatoires pour l'EURO 2024. Les Pays-Bas dirigés par un Ronald Koeman fraîchement nommé se sont inclinés 4-0 au Stade de France, avant de rebondir trois jours plus tard avec un succès 3-0 contre Gibraltar, grâce à un doublé de Nathan Aké.

Les *Bataves* ont renoué avec les éliminatoires à l'automne, avec une nouvelle victoire 3-0, cette fois contre la Grèce. Cody Gakpo a été buteur ce soir-là, comme à Dublin lors d'un succès 2-1 arraché contre la République d'Irlande. Une courte défaite contre les *Bleus* a ensuite été suivie de victoires 1-0 sur la Grèce (van Dijk sur penalty) et l'Irlande (Wout Weghorst), ce qui leur a permis d'assurer leur qualification à une journée de la fin.

CI-DESSUS : les Pays-Bas ont disputé 10 éditions de l'EURO, qu'ils ont remporté en 1988 et dont ils ont atteint le dernier carré quatre fois supplémentaires

LES PAYS-BAS au Championnat d'Europe de l'UEFA

1960	N'ont pas participé
1964	Non qualifiés
1968	Non qualifiés
1972	Non qualifiés
1976	3e place
1980	Phase de groupes
1984	Non qualifiée
1988	VAINQUEURS
1992	Demi-finales
1996	Quarts de finale
2000	Demi-finales
2004	Demi-finales
2008	Quarts de finale
2012	Phase de groupes
2016	Non qualifiés
2020*	8e de finale

*Phase finale 2020 disputée en 2021

SÉLECTIONNEUR

RONALD KOEMAN

Ronald Koeman a été un défenseur exceptionnel, doté d'une frappe rageuse (14 buts en 78 sélections pour les Pays-Bas entre 1982 et 1994). Son apogée en équipe nationale reste le titre remporté au Championnat d'Europe 1988, mais son palmarès compte également 18 trophées majeurs en clubs, avec l'Ajax, le PSV Eindhoven et Barcelone. Koeman a entraîné l'Ajax, le PSV, Benfica et Valence, avant d'être une première fois sélectionneur des *Oranje*, qu'il a guidés en finale de l'UEFA Nations League 2018-2019. Koeman est ensuite allé entraîner Barcelone, avant d'être rappelé en sélection l'an dernier pour succéder à Louis van Gaal au terme de la Coupe du monde de la FIFA 2022.

JOUEUR CLÉ

CODY GAKPO

POSTE : attaquant
CLUB : Liverpool (ANGLETERRE)
ÂGE : 25 ans
NAISSANCE : 7 mai 1999, à Eindhoven
1re SÉLECTION : 21 juin 2021 contre la Macédoine du Nord
21 **SÉLECTIONS** • 9 **BUTS**

Cody Gakpo fait partie du groupe très fermé des joueurs à avoir honoré leur première sélection lors d'un Championnat d'Europe – pour lui, c'était à l'UEFA EURO 2020. Il évoluait alors au PSV Eindhoven et il a progressé à grande vitesse : élu joueur néerlandais de l'année en 2022, il a ensuite participé à la Coupe du monde au Qatar. En janvier 2023, il partait en Angleterre pour rejoindre Liverpool pour 42 M€. Gakpo aurait pu choisir de représenter le Togo, pays de naissance de son père, mais il n'a eu aucune hésitation lorsqu'il a été convoqué en équipe M18 des Pays-Bas, puis en M19, M20 et en Espoirs. Il a honoré sa première sélection en senior en entrant en jeu contre la Macédoine du Nord à l'EURO 2020.

Après avoir atteint les 8es de finale de l'UEFA EURO 2020 et les quarts de finale de la Coupe du monde au Qatar, deux tournois disputés sous la direction de Louis van Gaal, les Pays-Bas tenteront d'aller encore plus loin dans l'EURO de cet été.

Les *Oranje* figuraient parmi les meilleures équipes du monde au début du XXe siècle. Ils ont atteint les demi-finales lors de quatre éditions consécutives des Jeux olympiques entre 1908 et 1924, remportant deux fois la médaille de bronze. Au milieu des années 1950, les Pays-Bas ont professionnalisé le football, ce qui a mené à de grands succès pour l'Ajax, Feyenoord et le PSV Eindhoven.

La fin des années 1960 et le début des années 1970 ont vu l'apparition du « Football total » imaginé par l'entraîneur Rinus Michels. Cruyff, l'un des meilleurs joueurs de l'histoire, a mené l'Ajax à trois titres consécutifs en Coupe des clubs champions européens, tandis que l'équipe nationale était finaliste de la Coupe du monde 1974 en RFA et du Mondial 1978 en Argentine. Dans les années 1980, une nouvelle génération a apporté encore plus de gloire européenne. Ruud Gullit, Marco van Basten, Frank Rijkaard et l'actuel sélectionneur Ronald Koeman ont été sacrés champions d'Europe en 1988 en RFA. Les Pays-Bas ont ensuite atteint le dernier carré de la Coupe du monde 1998, de l'EURO 2000 (qu'elle coorganisait avec la Belgique voisine) et de l'EURO 2004 au Portugal.

L'effectif néerlandais pour les éliminatoires de l'EURO 2024 était très expérimenté en défense, avec van Dijk, Aké, Stefan de Vrij, Matthijs de Ligt et Daley Blind, véritable pilier défensif de l'équipe depuis 2013. Le vécu de Marten de Roon (Atalanta) et Frenkie de Jong (Barcelone) dans l'entrejeu a aussi joué un rôle clé, permettant à leur piston polyvalent Denzel Dumfries de se joindre aux attaques pour soutenir Gakpo et Memphis Depay.

Dumfries et Gakpo ont été exceptionnels lors du parcours de leur équipe jusqu'en quarts de finale de la Coupe du monde au Qatar, tandis que Depay (Atlético de Madrid) est sur une moyenne d'un but tous les deux matches en sélection.

LE SAVIEZ-VOUS ?

L'UEFA EURO 2024 marquera la 11e participation des Pays-Bas au Championnat d'Europe depuis leur première qualification en 1976.

GROUPE D

AUTRICHE

L'Autriche a de nouveau assuré sa place parmi l'élite européenne, après avoir échoué à se qualifier lors des 12 premières éditions, soit quasiment 50 ans. Elle le doit en partie au tremplin offert par la coorganisation d'un UEFA EURO 2008 très réussi.

Il y a tout juste quatre ans, les Autrichiens avaient décroché leur billet pour l'EURO 2020 en terminant à la deuxième place de leur groupe de qualification, derrière la Pologne. Cette fois, ils ont poussé la Belgique dans leurs derniers retranchements pour la première place du Groupe F, terminant à un seul point des *Diables rouges* et avec une large avance sur la Suède, l'Azerbaïdjan et l'Estonie.

Fraîchement nommé, le sélectionneur Ralf Rangnick a eu un impact immédiat sur ces éliminatoires, dès la victoire 4-1 en ouverture contre l'Azerbaïdjan. Ses hommes ont ensuite enchaîné trois succès sur leurs quatre matches suivants. Leur unique faux pas dans cette série était un bon match nul 1-1 au stade du roi Baudouin de Bruxelles.

Les Belges ont ensuite obtenu leur revanche en s'imposant 3-2 à Vienne, malgré une fin de match à suspense grâce aux buts tardifs de Konrad Laimer et Marcel Sabitzer. Une défaite anecdotique pour l'Autriche, qui a validé sa qualification dès sa sortie suivante, en battant l'Azerbaïdjan. Le meilleur buteur de l'Autriche, son milieu offensif Sabitzer, a inscrit l'unique but de ce match sur penalty en seconde période, au stade Tofig Bahramov de Bakou.

L'Autriche possède une place historique dans le football européen. En 1902, elle a battu la Hongrie 5-0

CI-DESSUS : l'Autriche a participé à chaque édition depuis sa création en 1958-1960, mais elle n'a pas atteint la phase finale avant de coorganiser le tournoi 2008 avec la Suisse

L'AUTRICHE au Championnat d'Europe de l'UEFA

1960	Non qualifiée
1964	Non qualifiée
1968	Non qualifiée
1972	Non qualifiée
1976	Non qualifiée
1980	Non qualifiée
1984	Non qualifiée
1988	Non qualifiée
1992	Non qualifiée
1996	Non qualifiée
2000	Non qualifiée
2004	Non qualifiée
2008	Phase de groupes
2012	Non qualifiée
2016	Phase de groupes
2020*	8e de finale

*Phase finale 2020 disputée en 2021

SÉLECTIONNEUR

RALF RANGNICK

Ralf Rangnick a pris la tête de l'équipe d'Autriche en 2022, en tant que sélectionneur national après 40 ans de carrière d'entraîneur. Joueur en divisions inférieures, Rangnick s'est converti dès ses 25 ans. Il s'est bâti une réputation avec le VfB Stuttgart, le Hannover 96 et Schalke, avant de faire monter Hoffenheim en Bundesliga et de remporter la Coupe d'Allemagne avec Schalke. Rangnick a ensuite supervisé l'ascension du RB Leipzig, puis le Lokomotiv Moscou et Manchester United. C'est une grande source d'inspiration pour toute une génération d'entraîneurs allemands d'élite.

JOUEUR CLÉ

MARCEL SABITZER

POSTE : milieu de terrain
CLUB : Borussia Dortmund (ALLEMAGNE)
ÂGE : 30 ans
NAISSANCE : 17 mars 1994, à Wels
1re SÉLECTION : 5 juin 2012 contre la Roumanie
75 **SÉLECTIONS** • 16 **BUTS**

Marcel Sabitzer apporte une plus-value indéniable à l'équipe d'Autriche, comme à tout club dans lequel il joue. Capable d'évoluer à tous les postes du milieu de terrain, voire en soutien de l'attaquant, Sabitzer sait se procurer des occasions et les concrétiser. C'est l'un de ses buts, un penalty lors de la victoire 1-0 sur l'Azerbaïdjan, qui a permis à l'Autriche de décrocher son billet pour l'UEFA EURO 2024. Sabitzer a joué pour l'Admira Wacker, le Rapid Vienne et Salzbourg avant de rejoindre l'Allemagne pour intégrer le RB Leipzig, puis le Bayern Munich. Il a découvert la Premier League à l'occasion d'un prêt à Manchester United, avant de retourner en Bundesliga pour endosser le maillot du Borussia Dortmund.

à Vienne dans ce qui est considéré comme le deuxième match le plus ancien du football international, après Angleterre-Écosse.

Hugo Meisl a joué un rôle crucial dans le développement du football autrichien. Secrétaire général de sa fédération, mais aussi sélectionneur national, il a été un pionnier, notamment en participant à créer la Coupe internationale européenne – un ancêtre du championnat continental de l'UEFA. Lors de cette période, l'Autriche a été une fois championne et une fois finaliste avec sa légendaire *Wunderteam*, emmenée par Mathias Sindelar, surnommé « l'Homme de papier » pour sa frêle corpulence. Cette équipe hors norme a également été demi-finaliste de la Coupe du monde de la FIFA 1934.

L'Autriche a compté des joueurs importants dans les années 1950, à l'image des milieux de terrain Ernst Ocwirk et Gerhard Hanappi, suivi d'un long déclin après-guerre, après l'apogée d'une demi-finale de la Coupe du monde 1954. Une dépression amplifiée en 1991 après une défaite 1-0 contre les Îles Féroé.

Le chemin pour retrouver le sommet international fut long et sinueux. Depuis, l'Autriche a disputé la phase de groupes une seule fois en Coupe du monde, mais trois fois à l'EURO. Lors de la dernière édition, les Autrichiens ont atteint les 8es de finale, avant de s'incliner 2-1 en prolongation face à l'Italie, futur vainqueur de l'EURO 2020.

Franco Foda a cédé sa place de sélectionneur à son compatriote allemand Ralf Rangnick, suite à l'échec de l'Autriche dans les éliminatoires de la Coupe du monde 2022. Rangnick a largement remanié son effectif. Parmi les survivants de 2021 figurent le gardien Alexander Schlager, les défenseurs David Alaba et Philipp Lienhart, les milieux de terrain Christoph Baumgartner, Laimer et Xaver Schlager, ainsi que les attaquants Saša Kalajdžić, Michael Gregoritsch, Marko Arnautović et (surtout) Sabitzer.

L'effectif autrichien, surtout composé de joueurs évoluant dans les championnats autrichien et allemand, est prêt à retrouver son plus haut niveau.

LE SAVIEZ-VOUS ?

La légendaire *Wunderteam* autrichienne de la fin des années 1920 devait son panache et ses succès à un entraîneur anglais, Jimmy Hogan, qui lui a fait découvrir le jeu de passes pratiqué en Écosse.

GROUPE D
FRANCE

La France possède une relation unique avec cette compétition. Son trophée tire son nom d'Henri Delaunay, à l'origine de la création du tournoi. Vainqueurs en 1984 et 2000, les *Bleus* espèrent remporter une troisième couronne pour égaler l'Allemagne et l'Espagne.

À la tête de l'équipe de France, Didier Deschamps a misé davantage sur l'évolution plutôt que sur une révolution. Il est le seul avec l'Allemand Franz Beckenbauer à avoir remporté la Coupe du monde de la FIFA en tant que capitaine et sélectionneur. Ce doublé lui échappe toutefois encore à l'EURO, où il a brandi le trophée en 2000, mais a été finaliste malheureux sur le banc en 2016.

Deschamps fait partie de la longue lignée des Français ayant eu un impact significatif sur le football international. Robert Guérin et Jules Rimet ont bâti la FIFA avant la première Coupe du monde, tandis que Delaunay et Gabriel Hanot ont joué un rôle majeur dans la création des compétitions européennes de clubs et de nations.

Sur le terrain, Lucien Laurent a inscrit le tout premier but de la Coupe du monde inaugurale et Michel Platini détient le record du nombre de buts marqués dans un EURO, avec neuf réalisations à l'édition 1984 que les *Bleus* ont remporté à domicile.

Platini s'est montré digne de l'héritage laissé par Raymond Kopa dans les années 1950, avant d'être rejoint au panthéon du football français par Zinedine Zidane, champion du monde 1998 et champion d'Europe 2000 avec Deschamps. Devenu sélectionneur, ce dernier a mené les

CI-DESSUS : championne d'Europe 1984 et 2000, la France participe à sa 11e phase finale et occupe la quatrième place du classement de nombre de matches disputés dans la compétition

LA FRANCE
au Championnat d'Europe de l'UEFA

1960	4e place
1964	Non qualifiée
1968	Non qualifiée
1972	Non qualifiée
1976	Non qualifiée
1980	Non qualifiée
1984	VAINQUEUR
1988	Non qualifiée
1992	Phase de groupes
1996	Demi-finales
2000	VAINQUEUR
2004	Quarts de finale
2008	Phase de groupes
2012	Quarts de finale
2016	Finaliste
2020*	8e de finale

*Phase finale 2020 disputée en 2021

SÉLECTIONNEUR

DIDIER DESCHAMPS

Didier Deschamps a connu aussi bien le succès que l'échec au plus haut niveau. Vainqueur de la Coupe du monde de la FIFA 1998 en tant que joueur puis en 2018 en tant que sélectionneur, l'ex-capitaine avait également été sacré avec les *Bleus* à l'EURO 2000. Mais Deschamps (55 ans) a aussi été finaliste malheureux à l'EURO 2016 et au Mondial 2022. Il a totalisé 103 sélections en équipe de France au fil d'une carrière de 16 ans sous le maillot de Nantes, Marseille, Bordeaux, de la Juventus, Chelsea et Valence. Il succède à Laurent Blanc, en 2012, à la tête des *Bleus*.

JOUEUR CLÉ

OLIVIER GIROUD

POSTE : attaquant
CLUB : AC Milan (ITALIE)
ÂGE : 37 ans
NAISSANCE : 30 septembre 1986, à Chambéry
1re SÉLECTION : 11 novembre 2011 contre les États-Unis
128 **SÉLECTIONS** • 56 **BUTS**

Olivier Giroud a écrit l'histoire à la Coupe du monde de la FIFA 2022 au Qatar en battant le record de Thierry Henry (51 réalisations) pour devenir le meilleur buteur de l'histoire des *Bleus*. En marquant à quatre reprises pour les finalistes malheureux, il a également remporté le Soulier de bronze. Champion du monde 2018 en Russie, Giroud possède aussi un beau palmarès en clubs, au fil d'une carrière qui l'a vu évoluer à Montpellier, Arsenal, Chelsea et l'AC Milan, qu'il a rejoint en 2021. Il a notamment remporté l'UEFA Europa League en 2019 et la Champions League en 2021 avec Chelsea. Giroud n'avait jamais porté le maillot de l'équipe de France dans les sélections juniors avant d'être convoqué chez les A en 2011. Trois mois plus tard, il inscrivait le premier d'une longue liste de buts en sélection, au cours d'une victoire 2-1 contre l'Allemagne.

Bleus au sacre à la Coupe du monde 2018 et à l'UEFA Nations League en 2021. Ses rêves de titre à l'EURO cette année-là ont été brisés par la Suisse en 8es de finale aux tirs au but, et c'est également dans cet exercice que l'Argentine l'a privé de titre mondial à la Coupe du monde 2022.

La France combine expérience et jeunesse, alliées à l'explosivité redoutable de son capitaine Kylian Mbappé en attaque. Alphonse Aréola et Mike Maignan sont en concurrence pour succéder à Hugo Lloris, qui a raccroché les gants, derrière une défense composée de Benjamin Pavard, des frères Hernández (Lucas et Théo) et d'Ibrahima Konaté. Deux jeunes milieux de terrain du Real Madrid ont injecté une nouvelle énergie dans l'entrejeu avec Aurélien Tchouaméni et Eduardo Camavinga, tandis qu'Olivier Giroud et Antoine Griezmann apportent leur expérience en attaque et offrent une bonne complémentarité à des joueurs plus jeunes comme Kingsley Coman, Ousmane Dembélé, Marcus Thuram et Randal Kolo Muani.

Lors des éliminatoires, la France avait hérité d'un Groupe B relevé, avec notamment les Pays-Bas, la Grèce et la République d'Irlande. Les *Bleus* ont parfaitement lancé leur campagne de qualification avec une victoire 4-0 sur les Néerlandais au Stade de France, avec un doublé de Mbappé. Pavard a ensuite inscrit l'unique but d'un match piège à Dublin, avant que Mbappé ne reprenne son rôle de sauveur en marquant lors de la victoire à Gibraltar, puis contre la Grèce à Saint-Denis.

Les *Bleus* ont ensuite battu les Irlandais, avant d'assurer leur qualification à Amsterdam en s'imposant 2-1 contre les Pays-Bas au terme d'un match tendu. Alors qu'il n'avait plus marqué depuis quatre matches officiels, Mbappé ouvrait le score dès la 7e minute d'une reprise de volée. En début de seconde période, il inscrivait son 42e but en sélection, dépassant ainsi Platini pour devenir le quatrième meilleur buteur de l'histoire des *Bleus*.

Quilindschy Hartman redonnait espoir aux *Oranje* en marquant en fin de match pour sa première sélection, mais la France tenait bon et se qualifiait à deux matches de la fin.

LE SAVIEZ-VOUS ?

Elle est le seul pays à avoir remporté la Coupe du monde de la FIFA, l'EURO, l'UEFA Nations League et la Coupe des confédérations de la FIFA.

1988

Moments magiques :

ORANJE MÉCANIQUE

15 juin 1988/Düsseldorf

Les Pays-Bas ont obtenu un premier succès tant attendu en remportant le trophée en 1988. Leur campagne en RFA avait pourtant commencé de la pire des manières, avec une défaite 1-0 contre l'Union soviétique à Cologne en phase de groupes. Cela a poussé le sélectionneur Rinus Michels à effectuer un changement décisif avant d'affronter l'Angleterre à Düsseldorf. Il a titularisé Marco van Basten, l'attaquant du Milan qui n'était entré qu'en fin de match contre l'URSS. Van Basten lui a donné raison de manière spectaculaire en marquant tous les buts de la victoire 3-1 des Néerlandais. Buteur décisif contre la RFA en demi-finale, il a ensuite réalisé une reprise de volée mythique, dans un angle quasiment impossible, pour offrir aux Pays-Bas leur revanche sur l'Union soviétique, battue 2-0 en finale.

À GAUCHE : Marco van Basten fête le premier de ses trois buts pour les Pays-Bas contre l'Angleterre en phase de groupes de l'édition 1988 à Düsseldorf

GROUPE E

La Belgique a été finaliste en 1980 après avoir terminé troisième dans l'édition 1972 qu'elle accueillait. Les *Diables rouges* ont également atteint les quarts de finale à deux reprises, dont à l'UEFA EURO 2020. La Roumanie a été quart-de-finaliste en 2000. De son côté, la Slovaquie a atteint les huitièmes de finale pour sa première participation en 2016.

- Belgique
- Slovaquie
- Roumanie
- Vainqueur des barrages B

GROUPE E

BELGIQUE

La Belgique s'est de longue date imposée parmi les plus grandes nations du football européen : omniprésente lors de tous les tournois majeurs au cours de la décennie passée, elle fournit des joueurs exceptionnels à l'ensemble des cinq grands championnats.

Il ne reste plus désormais aux *Diables rouges* qu'à remporter l'un des trophées majeurs. Organisé chez leurs voisins allemands, l'UEFA EURO 2024 serait une occasion rêvée pour une équipe rebâtie d'effacer la douloureuse élimination précoce en phase de groupes de la Coupe du monde de la FIFA au Qatar en 2022.

La première étape consistait à nommer Domenico Tedesco à la tête de la sélection. Arrivé au printemps 2023, il a pu préparer le début de la campagne de qualification de la Belgique pour l'EURO. La route menant à une troisième participation consécutive à la phase finale débutait en Suède.

Toby Alderweireld, Eden Hazard et Simon Mignolet ayant pris leur retraite internationale, Tedesco a composé un XI de départ avec seulement cinq titulaires du dernier match de Coupe du monde de la Belgique : le gardien Thibaut Courtois, les défenseurs Jan Vertonghen et Timothy Castagne, les milieux de terrain Kevin De Bruyne et Yannick Carrasco, et l'attaquant Leandro Trossard. Romelu Lukaku a répondu présent, et avec le panache d'un triplé au cours d'une victoire 3-0 retentissante.

Lukaku a frappé de nouveau à la sortie suivante, un nul 1-1 à domicile contre l'Autriche, puis il s'est offert un doublé au cours d'un succès en Estonie. Carrasco a été décisif en Azerbaïdjan,

CI-DESSUS : la Belgique participe à sa septième phase finale, après avoir terminé troisième de l'édition qu'elle organisait en 1972, puis finaliste en 1980

LA BELGIQUE au Championnat d'Europe de l'UEFA

1960	N'a pas participé
1964	Non qualifiée
1968	Non qualifiée
1972	3e place
1976	Non qualifiée
1980	Finaliste
1984	Phase de groupes
1988	Non qualifiée
1992	Non qualifiée
1996	Non qualifiée
2000	Phase de groupes
2004	Non qualifiée
2008	Non qualifiée
2012	Non qualifiée
2016	Quarts de finale
2020*	Quarts de finale

*Phase finale 2020 disputée en 2021

SÉLECTIONNEUR

DOMENICO TEDESCO

Domenico Tedesco succède à Roberto Martínez au printemps 2023, après l'élimination de la Belgique en phase de groupes de la Coupe du monde de la FIFA. Tedesco (38 ans) est italo-allemand ; il a travaillé au VfB Stuttgart et à Hoffenheim, avant de guider Schalke jusqu'à la deuxième place de la Bundesliga en 2018 et en UEFA Champions League. Après un passage au Spartak Moscou, Tedesco est retourné en Allemagne pour prendre les rênes du RB Leipzig, qu'il a mené jusqu'en demi-finale de l'UEFA Europa League en 2022, ainsi qu'au sacre en Coupe d'Allemagne, en battant Fribourg aux tirs au but.

JOUEUR CLÉ

ROMELU LUKAKU

POSTE : attaquant
CLUB : AS Rome (ITALIE)
ÂGE : 31 ans
NAISSANCE : 13 mai 1993, à Anvers
1re SÉLECTION : 3 mars 2010 contre la Croatie
113 **SÉLECTIONS** • 83 **BUTS**

Romelu Lukaku est le meilleur buteur de l'histoire de la Belgique, avec quasiment deux fois plus de réalisations que son dauphin, Eden Hazard (33). Son père Roger a été footballeur international avec le Zaïre (aujourd'hui RD Congo). Lukaku est né à Anvers, a commencé le football avec Lierse, puis il a lancé sa carrière stellaire au RSC Anderlecht. Il a ensuite exporté sa boulimie de buts en Angleterre, sous les maillots de Chelsea (à deux reprises), West Bromwich Albion, Everton et Manchester United, ainsi qu'en Italie, chez l'Inter Milan (à deux reprises) et l'AS Roma. Le palmarès de Lukaku comprend le championnat belge, la Coupe du monde des clubs de la FIFA, ainsi que la Serie A et la Coppa Italia. Ses buts ont aidé la Belgique à remporter la troisième place de la Coupe du monde de la FIFA 2018 en Russie, où il a obtenu le Soulier de bronze avec quatre buts et une passe décisive.

avant que Lukaku ne reprenne son rôle de sauveur. Il a inscrit deux buts dans le match retour contre l'Estonie remporté 5-0, puis un dernier lors de l'impressionnant succès 3-2 sur l'Autriche à Vienne qui a assuré les Belges d'une place en phase finale.

De nouveaux jeunes joueurs de talent frappaient déjà à la porte de la sélection de Tedesco, comme le milieu défensif Amadou Onana ou les ailiers Jeremy Doku et Johan Bakayoko. Ils sont prometteurs pour l'EURO à venir et dans la perspective d'une nouvelle « génération dorée ».

Fondée en 1895, la fédération belge a été le moteur de la création d'une confédération mondiale, la FIFA, et l'un des quatre participants européens à la première Coupe du monde, en Uruguay en 1930. Un autre jalon majeur est intervenu avec l'adoption du professionnalisme et la troisième place de la Belgique au Championnat d'Europe 1972. Dans le même temps, les clubs belges ont été respectés grâce aux parcours de leurs clubs : Anderlecht a remporté la Coupe des vainqueurs de coupe européenne et la Super Coupe de l'UEFA deux fois dans cette décennie, puis la Coupe de l'UEFA en 1983. Le Club de Bruges a même atteint la finale de la Coupe d'Europe des clubs champions en 1978.

Lors de l'EURO 1980 en Italie, l'équipe dirigée par Guy Thys a atteint la finale, avant de s'incliner 2-1 à Rome contre la RFA sur un but à deux minutes du terme signé Horst Hrubesch. Six ans plus tard, la Belgique était demi-finaliste de la Coupe du monde au Mexique.

En 2000, la Belgique entrait dans l'histoire, avec les Pays-Bas, en accueillant le premier EURO coorganisé par deux pays. Les *Diables rouges* étaient éliminés en phase de groupes et devaient attendre 16 ans avant de retrouver la phase finale, mais ils ont gagné les quarts de finale de l'EURO 2016 en France. En 2018, la Belgique terminait à la troisième place de la Coupe du monde en Russie, puis retrouvait les quarts de finale lors de l'EURO 2020. Elle a également occupé la tête du Classement mondial masculin de la FIFA, jusqu'à la Coupe du monde 2022. Le tournoi du Qatar a marqué la fin d'une ère : l'EURO en Allemagne devrait en lancer une nouvelle.

LE SAVIEZ-VOUS ?

Les *Diables rouges* sont la seule équipe nationale à avoir été n° 1 du Classement mondial FIFA sans avoir jamais remporté une Coupe du monde ni un EURO.

GROUPE E

SLOVAQUIE

La Slovaquie est un pays indépendant depuis seulement trois décennies, mais son équipe nationale a rapidement montré ses forces sur la scène internationale. L'UEFA EURO 2024 marque sa troisième participation consécutive au tournoi.

Le tirage au sort de la phase de qualification a placé la Slovaquie dans le Groupe J, avec le Portugal, la Bosnie-Herzégovine, l'Islande, le Liechtenstein et le Luxembourg. Les Portugais, champions d'Europe 2016 et quart-de-finalistes de la Coupe du monde de la FIFA 2022 au Qatar, étaient nettement favoris grâce notamment à leur armada offensive. L'objectif était donc d'aller chercher la deuxième place directement qualificative pour l'Allemagne.

La Slovaquie a commencé les éliminatoires sur une fausse note, un nul 0-0 concédé à domicile contre le Luxembourg. Les hommes de Francesco Calzona se rachetaient toutefois en remportant leurs trois autres matches du printemps – contre la Bosnie-Herzégovine, en Islande et au Liechtenstein.

L'automne a connu deux défaites contre le Portugal entrecoupées d'un succès face au Liechtenstein. Les Slovaques ont ensuite rebondi avec un succès 1-0 au Luxembourg, avant de recevoir l'Islande à Bratislava avec la qualification dans le viseur.

Les fans ont craint le pire lorsqu'Orri Óskarsson a ouvert le score pour l'Islande à la 17e minute, mais à la pause, ils avaient viré en tête grâce à Juraj Kucka et Ondrej Duda (sur penalty). Lukáš Haraslín a ensuite inscrit un doublé en 10 minutes à la reprise,

CI-DESSUS : la Slovaquie s'est qualifiée pour les deux derniers EURO et a été jusqu'en 8es de finale à l'EURO 2016

LA SLOVAQUIE au Championnat d'Europe de l'UEFA

1960**	3e place
1964**	Non qualifiée
1968**	Non qualifiée
1972**	Non qualifiée
1976**	VAINQUEUR
1980**	3e place
1984**	Non qualifiée
1988**	Non qualifiée
1992**	Non qualifiée
1996	Non qualifiée
2000	Non qualifiée
2004	Non qualifiée
2008	Non qualifiée
2012	Non qualifiée
2016	8e de finale
2020*	Phase de groupes

*Phase finale 2020 disputée en 2021
**En tant que Tchécoslovaquie

SÉLECTIONNEUR

FRANCESCO CALZONA

Francesco Calzona a connu une carrière de joueur modeste dans les divisions inférieures de son Italie natale avant de devenir entraîneur. Il a été l'adjoint de Maurizio Sarri à Pérouse, Alessandrie, Sorrento, Empoli et au Napoli entre 2015 et 2018. Lorsque Sarri est parti pour Chelsea, Calzona est resté en Italie, travaillant dans le staff à Cagliari, puis de nouveau au Napoli – cette fois sous les ordres de Luciano Spalletti, futur sélectionneur de l'Italie.
En 2022, il est devenu le premier sélectionneur étranger en dehors de Pavel Hapal (né en Tchécoslovaquie) qu'il a succédé.

JOUEUR CLÉ

MILAN ŠKRINIAR

POSTE : défenseur
CLUB : Paris Saint-Germain (FRANCE)
ÂGE : 29 ans
NAISSANCE : 11 février 1995, à Žiar Nad Hronom
1re SÉLECTION : 27 mai 2016 contre la Géorgie
66 **SÉLECTIONS** • 3 **BUTS**

Milan Škriniar est l'un des défenseurs les plus fiables et les plus expérimentés de la Slovaquie au niveau international. Joueur cadre des Espoirs, il a été convoqué en équipe A juste à temps pour disputer l'UEFA EURO 2016 en France. Il est depuis devenu l'un des piliers de l'équipe de Slovaquie qui a terminé troisième de son groupe à l'EURO suivant disputé en 2021. Le capitaine a commencé sa carrière au MSK Žilina, avant d'aller en Italie defender la Sampdoria, puis l'Inter Milan. Avec les *Nerazzurri*, Škriniar a remporté la Serie A et deux fois la Coppa Italia et la Supercoppa. Son leadership lui a valu de recevoir le brassard de capitaine de l'Inter avant son départ pour le Paris Saint-Germain en 2023.

et si Andri Gudjohnsen réduisait le score pour les visiteurs, ce sont bien les Slovaques qui s'imposaient 4-2 et assuraient leur qualification.

Ce succès a validé le pari de la fédération nationale de nommer Calzona en 2022, un entraîneur sans expérience au poste de n° 1, malgré une décennie passée en tant qu'adjoint en Italie. « Je n'ai jamais été un simple assistant qui portait le manteau de l'entraîneur », se défendait Calzona. « J'ai été un adjoint au plus haut niveau. J'ai engrangé plus d'expérience de cette manière que si j'avais été à l'université. »

L'une des plus belles réussites de Calzona est d'avoir réussi à donner une nouvelle impulsion à cette équipe nationale après le départ en retraite de plusieurs de ses cadres, comme les défenseurs Martin Škrtel et Ján Ďurica, en plus de Marek Hamšík, le meilleur buteur de l'histoire slovaque.

Martin Dúbravka a conservé la confiance de son sélectionneur, alors qu'il est en concurrence avec Nick Pope pour le poste de gardien de Newcastle United. La défense s'appuie sur le capitaine Milan Škriniar et Peter Pekarík, qui a honoré sa première sélection en décembre 2006 – et fêté la 100e en 2021. Son expérience s'est révélée inestimable, après ses campagnes à la Coupe du monde 2010, ainsi qu'à l'EURO 2016 et l'EURO 2020.

Autre vétéran à avoir vécu ses trois campagnes, Juraj Kucka est un milieu de terrain international depuis 2008. Il a disputé trois matches de la Slovaquie à la Coupe du monde 2010, alors qu'il n'avait pas participé aux éliminatoires. Il était de nouveau présent aux Championnats d'Europe 2016 et 2020.

L'efficacité offensive s'appuie sur Róbert Mak, 33 ans et plus de 75 sélections à son nom. Né à Bratislava, il a passé quatre ans au centre de formation de Manchester City, sans toutefois parvenir à décrocher sa place dans l'équipe fanion. Il a alors vécu une carrière de globe-trotter qui l'a amené en Allemagne (Nuremberg), en Grèce (PAOK) en Russie (Zenit Saint-Pétersbourg), en Turquie (Konyaspor), en Hongrie (Ferencváros) puis en Australie (Sydney FC).

LE SAVIEZ-VOUS ?

La Slovaquie a échoué à se qualifier pour l'EURO lors de ses cinq premières tentatives, mais elle dispute maintenant sa troisième édition d'affilée.

GROUPE E

ROUMANIE

L'UEFA EURO 2024 en Allemagne sera la première phase finale majeure de la Roumanie depuis l'EURO 2016 en France, où elle n'avait pas franchi la phase de groupes. Après avoir échoué à se qualifier pour l'EURO 2020, l'équipe d'Edward Iordănescu est en mission pour rebâtir sa réputation.

La Roumanie s'est éprise du football avant la plupart de ses voisins des Balkans, sans doute sous l'influence de son roi Carol Ier, lui-même fan de foot. Il a été à l'origine de la création de la fédération nationale en 1908 et sous l'impulsion de la monarchie, la Roumanie a participé à la toute première Coupe du monde de la FIFA, en 1930.

Après la Seconde Guerre mondiale, une réorganisation politique a vu la création d'une équipe de l'armée, le Steaua, et d'un club de la police, le Dinamo, qui ont dominé le football roumain pendant des décennies. En 1986, le Steaua est devenu le premier club d'Europe de l'Est à remporter la Coupe des clubs champions européens, en battant Barcelone aux tirs au but à Séville.

À la même époque, l'équipe nationale a commencé à se faire une place sur la scène internationale. Elle a atteint la phase de groupes de la Coupe du monde de la FIFA 1970, puis celle du Championnat d'Europe 1984.

La Roumanie s'est qualifiée à trois Coupes du monde consécutives entre 1990 et 1998, tout en participant à l'EURO 1996 et 2000. Dans cette dernière édition coorganisée par la Belgique et les Pays-Bas, les Roumains sont allés jusqu'en quarts de finale, avant de s'incliner 2-0 face à l'Italie. Ils n'ont pas

CI-DESSUS : la Roumanie participe à l'EURO pour la sixième fois ; son meilleur parcours à ce jour est un quart de finale disputé à l'EURO 2000

LA ROUMANIE au Championnat d'Europe de l'UEFA

1960	Non qualifiée
1964	Non qualifiée
1968	Non qualifiée
1972	Non qualifiée
1976	Non qualifiée
1980	Non qualifiée
1984	Phase de groupes
1988	Non qualifiée
1992	Non qualifiée
1996	Phase de groupes
2000	Quarts de finale
2004	Non qualifiée
2008	Phase de groupes
2012	Non qualifiée
2016	Phase de groupes
2020*	Non qualifiée

*Phase finale 2020 disputée en 2021

SÉLECTIONNEUR

EDWARD IORDĂNESCU

La famille Iordănescu a le football dans le sang. Le père d'Edward, Anghel Iordănescu, a remporté la Coupe des clubs champions européens avec le Steaua Bucarest en 1986, avant de devenir sélectionneur et de qualifier la Roumanie pour l'EURO '96 et deux Coupes du monde de la FIFA. Edward a suivi les pas de son père en jouant, puis en entraînant, le Steaua. Sa carrière de joueur l'a amené à jouer en Grèce (Panionios) et à Chypre (Alki Larnaca). Il a été nommé sélectionneur national en 2022, après deux mandats réussis au CFR Cluj, avec qui il a remporté un titre de champion et deux coupes nationales.

JOUEUR CLÉ

NICOLAE STANCIU

POSTE : milieu de terrain
CLUB : Damac (ARABIE SAOUDITE)
ÂGE : 31 ans
NAISSANCE : 7 mai 1993, à Cricău
1re SÉLECTION : 23 mars 2016 contre la Lituanie
66 **SÉLECTIONS** • 14 **BUTS**

Milieu offensif parfois utilisé comme ailier, Nicolae Stanciu est le capitaine et le joueur le plus expérimenté de l'équipe de Roumanie qualifiée pour l'UEFA EURO 2024 en Allemagne. Stanciu a évolué à l'Unirea Alba Iulia, à Vaslui et au Steaua Bucarest, où il a remporté six titres nationaux. En 2016, il est devenu le joueur roumain le plus cher de l'histoire en signant à Anderlecht pour 8 M€. Stanciu est resté à Bruxelles pendant 18 mois, avant de rejoindre le Sparta Prague. En 2019, Stanciu a brièvement joué pour Al-Ahli (Arabie saoudite) avant de tourner à Prague, cette fois au Slavia, où il était sacré champion deux années de suite. Après un court passage en Chine, au Wuhan Three Towns, il s'est engagé auprès de son club saoudien actuel, Damac. En sélection nationale, Stanciu a notamment participé à l'EURO 2016 en France.

franchi la phase de groupes en 2008 ni en 2016, lorsque s'est révélé Nicolae Stanciu, aujourd'hui capitaine de sa sélection.

Le milieu de terrain est le cœur de l'équipe de Roumanie, avec un Stanciu à la fois capitaine et joueur le plus expérimenté. Il peut s'appuyer sur le vécu de Răzvan Marin (Empoli), du buteur Valentin Mihăilă (Parme), de Marius Marin (Pise) et d'Alexandru Cicâldău (Konyaspor). En attaque, l'équipe compte George Pușcaș (Genoa), mais aussi sur le talent d'Ianis Hagi, le fils du plus grand joueur roumain de l'histoire, Gheorghe Hagi.

À l'autre extrémité du terrain, le poste de gardien est convoité par Florin Niță, l'expérimenté portier de Gaziantep (Turquie), mais aussi par Horațiu Moldovan (Rapid Bucarest) et Ionuț Radu (Bournemouth).

Lors du tirage au sort des éliminatoires de l'EURO 2024, la Roumanie figurait dans le chapeau 3, ce qui l'exposait à un sort peu enviable. Elle a peut-être évité le pire en se retrouvant en compagnie de la Suisse, d'Israël, du Bélarus, du Kosovo et d'Andorre. Les Roumains ont démarré fort en battant Andorre et le Bélarus, avant de rapporter le nul de Pristina contre le Kosovo. Ils obtenaient ensuite un bon 2-2 en Suisse, grâce à deux buts tardifs de Mihăilă.

Les hommes d'Iordănescu sont demeurés invaincus jusqu'au bout et ont décroché leur qualification à un match de la fin, après leur victoire 2-1 sur Israël dans un match disputé sur territoire neutre, à la Pancho Arena de Felcsút (Hongrie). Ce succès a été acquis par des buts signés Ianis Hagi à 10 minutes du terme, puis George Pușcaș juste avant le coup de sifflet final.

La Roumanie s'est appuyée sur le soutien de ses fans pour s'imposer 1-0 contre la Suisse à Bucarest dans l'ultime rencontre et remporter le Groupe A, même si un nul avait suffi à son bonheur.

LE SAVIEZ-VOUS ?

La Roumanie a participé à la Coupe d'Europe des Nations en 1958, mais elle dispute cet été sa sixième édition seulement de l'EURO.

Barrages : Voie B

ISRAËL

Israël n'est pas encore parvenu à disputer une phase finale du Championnat d'Europe de l'UEFA, malgré sa présence continue aux éliminatoires depuis 1991.

Cette fois, Israël a terminé à la troisième place du Groupe I de qualification, à seulement deux points de la Suisse. Cela s'est joué sur un match nul 1-1 contre la *Nati* et une défaite face à la Roumanie en fin de campagne. Israël a officiellement disputé ces deux rencontres à domicile, même si elles ont dû être localisées à la Pancho Aréna de Felcsút (Hongrie) pour des raisons de sécurité. S'il dispute les barrages, c'est parce qu'il a remporté son groupe B2 en UEFA Nations League.

Depuis mai 2022, l'équipe a pour sélectionneur Alon Hazan, ancien international israélien qui a inscrit cinq buts en 72 sélections entre 1990 et 2000, et qui a notamment remporté deux promotions consécutives en Angleterre avec Watford. Les joueurs les plus importants dans l'effectif Hazan lors des éliminatoires pour l'EURO 2024 ont été son capitaine Eli Dasa, le défenseur du Dynamo Moscou, et l'expérimenté attaquant Eran Zahavi.

SÉLECTIONNEUR

ALON HAZAN

JOUEUR CLÉ

ERAN ZAHAVI

POSTE : attaquant
CLUB : Maccabi Tel-Aviv (ISRAËL)
ÂGE : 36 ans

Israël a une chance de se hisser en phase finale à l'occasion du tournoi des barrages.

Barrages : Voie B

BOSNIE-HERZÉGOVINE

La Bosnie-Herzégovine peine à se hisser au plus haut niveau, alors qu'elle occupait la 13e place du Classement FIFA en 2013 : sa présence en barrages est encourageante.

Barragiste malheureuse en 2012, 2016 et 2020, la Bosnie-Herzégovine espère se qualifier enfin pour son premier EURO. Son unique participation à un tournoi majeur reste la Coupe du monde de la FIFA 2014 au Brésil, où elle a été éliminée en phase de groupes, après une victoire sur l'Iran et deux courtes défaites face à l'Argentine et au Nigeria. Lors des éliminatoires de l'EURO 2024, elle a terminé cinquième du Groupe J derrière le Portugal, la Slovaquie, le Luxembourg et l'Islande.

Elle doit sa place en barrages à son succès en UEFA Nations League, où elle a remporté son Groupe B3, en devançant la Finlande et le Monténégro (tous deux barragistes) et la Roumanie (qualifiée directement pour l'Allemagne). Savo Milošević a été nommé en cours de campagne de qualification, en septembre dernier. Ancien attaquant, il a honoré plus de 100 sélections avec la Yougoslavie, puis la Serbie-et-Monténégro. Milošević a été le Soulier d'or de l'EURO 2000 avec cinq buts.

SÉLECTIONNEUR

SAVO MILOŠEVIĆ

JOUEUR CLÉ

EDIN DŽEKO

POSTE : attaquant
CLUB : Fenerbahçe (TURQUIE)
ÂGE : 38 ans

La Bosnie-Herzégovine dispute les barrages de l'EURO pour la quatrième fois.

Barrages : Voie B
UKRAINE

Les footballeurs ukrainiens ont atteint les barrages de l'UEFA EURO 2024, malgré les immenses défis posés par le conflit dans leur pays.

La guerre en Ukraine les a forcés à disputer à l'étranger les quatre matches qu'ils devaient recevoir, à Trnava (Slovaquie), Wrocław (Pologne), Prague (Tchéquie) et Leverkusen (Allemagne). Ils ont terminé à la troisième place d'un Groupe C qui comptait les finalistes de l'EURO 2020 : l'Italie et l'Angleterre. Dans ces éliminatoires, l'Ukraine pouvait se qualifier en cas de victoire sur l'Italie. Elle participe aux barrages grâce à sa deuxième place dans le Groupe B1 de l'UEFA Nations League, derrière l'Écosse. L'Ukraine a disputé trois éditions de l'EURO : éliminée en phase de groupes en 2012 et 2016, elle a atteint les quarts de finale de l'EURO 2020, avant de chuter face à l'Angleterre. Le sélectionneur Serhiy Rebrov peut appuyer sur l'expérience des défenseurs Mykola Matviyenko et Vitalii Mykolenko, des milieux de terrain Oleksandr Zinchenko, Taras Stepanenko (capitaine), Serhiy Sydorchuk et Ruslan Malinovskyi, ainsi que de l'attaquant Roman Yaremchuk.

SÉLECTIONNEUR

SERHIY REBROV

JOUEUR CLÉ

OLEKSANDR ZINCHENKO

POSTE : défenseur
CLUB : Arsenal (ANGLETERRE)
ÂGE : 27 ans

L'Ukraine a manqué sa qualification directe en ne battant pas l'Italie.

Barrages : Voie B
ISLANDE

L'Islande a surpris le monde du football en atteignant les quarts de finale à l'EURO 2016 en France, mais elle a ensuite chuté en barrages de l'UEFA EURO 2020.

Le retour de l'Islande en barrages de l'EURO 2024 lui offre une nouvelle chance de participer à une deuxième phase finale du Championnat d'Europe. Lors des éliminatoires de cette édition, elle a terminé à la troisième place du Groupe J. Elle doit sa place en barrages à sa deuxième place du Groupe B2 de l'UEFA Nations League. Le sélectionneur norvégien Åge Hareide a dû forger une équipe avec des joueurs évoluant aux quatre coins d'Europe : Allemagne, Belgique, Danemark, France, Grèce, Italie, Norvège, Pays-Bas, Pays de Galles, Portugal et Suède. Les plus expérimentés sont les défenseurs Victor Pálsson, Sverrir Ingi Ingason et Hörður Björgvin Magnússon, les milieux Jóhann Berg Guðmundsson et Aron Gunnarsson (capitaine), ainsi que les attaquants Alfreð Finnbogason et Hákon Arnar Haraldsson, meilleurs buteurs islandais des éliminatoires avec trois buts chacun (ex aequo avec Gunnarsson).

SÉLECTIONNEUR

ÅGE HAREIDE

JOUEUR CLÉ

ALFREÐ FINNBOGASON

POSTE : attaquant
CLUB : KAS Eupen (BELGIQUE)
ÂGE : 35 ans

L'Islande a atteint les quarts de finale en France en 2016.

EURO2024
GERMANY

1996

Moments magiques :

LA GLOIRE DE GAZZA

15 juin 1996/Wembley

La phase finale 1996 s'est déroulée en Angleterre au son du tube *Football is coming home*. Si la nation hôte n'a pas pu reproduire le succès de la Coupe du monde de la FIFA 1966, elle n'en a pas moins offert aux fans des moments d'anthologie. Notamment en phase de groupes face à son ennemi préféré, l'Écosse. Les Anglais comptaient un petit but d'avance, et les Écossais venaient de manquer un penalty lorsque Paul Gascoigne a marqué à 11 minutes du terme. Darren Anderton a été l'auteur de la passe qui a donné à Gazza l'inspiration de lober le défenseur Colin Hendry du pied gauche et d'enchaîner une volée du droit qui faisait mouche. Ses coéquipiers, aux anges, ont marqué ce moment d'une célébration devenue iconique, en reproduisant une scène de soirée arrosée d'avant-tournoi qui avait déchaîné les tabloïds anglais.

À DROITE : Paul Gascoigne marque de volée le deuxième but de l'Angleterre lors de la victoire sur l'Écosse à Wembley, dans le Groupe A de l'EURO '96

UMBRO
Cola.

GROUPE F

Le Portugal a été champion d'Europe en 2016, finaliste en 2004 et demi-finaliste à trois reprises. La Tchéquie a été sacrée en 1976, a participé à trois autres finales et à une demi-finale. La Turquie a atteint le dernier carré une fois. À l'UEFA EURO 2020, le Portugal est allé jusqu'en 8es de finale et la Tchéquie jusqu'en quarts.

- Turquie
- Vainqueur des barrages C
- Portugal
- Tchéquie

GROUPE F

TURQUIE

Depuis ses débuts à l'EURO en 1996, la Turquie a seulement manqué deux éditions et son sélectionneur italien Vincenzo Montella a promis qu'elle pouvait « jouer un grand rôle » cette fois-ci. Sachant que son meilleur parcours à ce jour est une demi-finale dans l'édition Autriche-Suisse de 2008.

La passion des supporteurs turcs est légendaire et les grands clubs comme Beşiktaş, Fenerbahçe et Galatasaray forcent depuis longtemps le respect dans les compétitions de clubs de l'UEFA.

À ce jour, seul Galatasaray a inscrit son nom au palmarès d'un tournoi majeur, en remportant la Coupe de l'UEFA en 2000. La présence dans cette équipe-là du gardien brésilien Claudio Taffarel et du meneur de jeu roumain Gheorghe Hagi soulignait la puissance grandissante du football turc. La Turquie se prépare désormais à accueillir son premier tournoi international majeur, l'UEFA EURO 2032 qu'elle coorganisera avec l'Italie.

En Turquie, le football est intimement lié à l'histoire moderne du pays. Importé par des marchands et des étudiants au début du XXe siècle, il a vu sa fédération nationale être créée en 1923. Plus tard cette même année, la république moderne de Turquie était proclamée et Mustafa Kemal en devenait le premier président.

C'est seulement après la Seconde Guerre mondiale que l'équipe nationale s'est révélée sur la scène mondiale. La Turquie atteignait les quarts de finale du tournoi des Jeux olympiques en 1948 et 1952, avant ses débuts à la Coupe du monde de la FIFA en 1954. La sélection turque s'est qualifiée pour la phase finale disputée en Suisse.

CI-DESSUS : En 2008, la Turquie atteint la demi-finale pour la sixième fois après ses débuts en 1996

LA TURQUIE au Championnat d'Europe de l'UEFA

1960	Non qualifiée
1964	Non qualifiée
1968	Non qualifiée
1972	Non qualifiée
1976	Non qualifiée
1980	Non qualifiée
1984	Non qualifiée
1988	Non qualifiée
1992	Non qualifiée
1996	Phase de groupes
2000	Quarts de finale
2004	Non qualifiée
2008	Demi-finales
2012	Non qualifiée
2016	Phase de groupes
2020*	Phase de groupes

*Phase finale 2020 disputée en 2021

SÉLECTIONNEUR

VINCENZO MONTELLA

Vincenzo Montella (49 ans) s'est fait connaître avec une célébration de but qui lui a valu le surnom d'*Aeroplanino* (le Petit Avion). Il a inscrit plus de 200 buts au fil d'une carrière à Empoli, au Genoa, à la Sampdoria, à la Roma ainsi qu'à Fulham en prêt. International italien (20 sélections, trois buts), Montella a participé à l'UEFA EURO 2000, où les *Azzurri* ont été battus par la France en finale sur un but en or. Entraîneur, il a remporté la Supercoppa avec le Milan en 2016. Il est nommé sélectionneur de la Turquie en 2023, après deux saisons impressionnantes à la tête de l'Adana Demirspor.

JOUEUR CLÉ

HAKAN ÇALHANOĞLU

POSTE : milieu de terrain
CLUB : Inter Milan (ITALIE)
ÂGE : 30 ans
NAISSANCE : 8 février 1994, à Mannheim
1re SÉLECTION : 6 septembre 2013 contre Andorre
82 **SÉLECTIONS** • 17 **BUTS**

Hakan Çalhanoğlu sera en terrain connu en Allemagne pour l'EURO 2024 : il est en effet né à Mannheim de parents immigrés turcs. Quelques mois après avoir disputé la Coupe du monde U-20 de la FIFA 2013 en Turquie, il a honoré sa première sélection chez les A à l'occasion d'un match de qualification pour la Coupe du monde. Çalhanoğlu a commencé sa carrière en Allemagne, sous le maillot de Karlsruhe dans les divisions inférieures, avant de découvrir la Bundesliga avec Hambourg puis le Bayer Leverkusen. En 2017, il rejoignait l'Italie pour s'engager auprès de l'AC Milan, où il passait quatre saisons en tant que titulaire avant d'être recruté par l'autre club de la ville, l'Inter. Avec les *Nerazzurri*, il remportait la Coppa Italia et la Supercoppa et allait jusqu'en finale de l'UEFA Champions League 2023.

Un championnat national a été lancé en 1960. Le sacre de Galatasaray en Coupe de l'UEFA, en battant Arsenal en finale à Copenhague, lui a permis de devenir le premier club turc à remporter une compétition européenne.

La sélection nationale a participé à l'EURO pour la première fois en 1996, avant d'atteindre les quarts de finale en 2000, puis la demi-finale à la Coupe du monde 2002 et à l'EURO 2008. Depuis, ses ambitions ont été récompensées par une qualification pour les éditions 2016 et 2020, même si son parcours s'est arrêté en phase de groupes.

La Turquie a décroché son billet pour l'Allemagne non sans mal. En septembre dernier, au milieu de la campagne de qualification, la fédération a décidé de limoger son sélectionneur Stefan Kuntz après un nul 1-1 contre l'Arménie et une défaite 4-2 en amical face au Japon. Kuntz était en poste depuis septembre 2021, après avoir mené l'Allemagne au sacre à l'EURO Espoirs en 2017 et 2021. Il était remplacé par Montella, qui connaît bien le football turc et ses joueurs, après deux saisons impressionnantes à la tête de l'Adana Demirspor.

Les victoires contre la Croatie (1-0) et la Lettonie (4-0) ont assuré la Turquie de terminer dans les deux premières places du Groupe D synonymes de qualification. Yunus Akgün, Kerem Aktürkoğlu et Cenk Tosun (auteur d'un doublé) ont joué un rôle primordial dans ces succès.

Cette équipe s'est notamment appuyée en défense sur ses gardiens Uğurcan Çakır et Altay Bayındır, ainsi que sur les défenseurs Zeki Çelik, Kaan Ayhan (né en Allemagne et évoluant à Galatasaray) et le piston Ferdi Kadıoğlu. Le milieu de terrain relativement inexpérimenté est orchestré par Hakan Çalhanoğlu, le capitaine chevronné évoluant en Italie, pour créer des ouvertures pour Cenk et Kerem. L'expérience de Cenk devrait être inestimable lors de la phase finale. Né en Allemagne, il a joué pour la *Mannschaft* en sélections juniors et en Espoirs, avant de représenter la Turquie en 2013, dont il a mené l'attaque à l'EURO 2016.

LE SAVIEZ-VOUS ?

Le Black Stockings FC a été le premier club de football turc. Fondé en 1901, il a été dissous dans la foulée après que la police a envahi le terrain lors de son premier match.

Barrages : Voie C
GÉORGIE

La Géorgie n'a jamais disputé de phase finale de Championnat d'Europe de l'UEFA ni de Coupe du monde de la FIFA, en dépit de joueurs de qualité.

La Géorgie a terminé sa campagne de qualification à l'EURO 2024 à la quatrième place, derrière l'Espagne, l'Écosse et la Norvège. Les Géorgiens sont en barrages car ils ont remporté leur Groupe C4 en UEFA Nations League, ce qui souligne l'importance grandissante de cette compétition. Leur sélectionneur est l'ancien capitaine du Bayern Munich, Willy Sagnol. L'ex-international français, finaliste de la Coupe du monde 2006, a été nommé par la fédération géorgienne en février 2021.

Son effectif contient des joueurs d'expérience, comme le gardien Giorgi Loria, le capitaine Guram Kashia et le milieu de terrain Nika Kvekveskiri, ainsi que l'un des jeunes attaquants les plus prometteurs d'Europe, Khvicha Kvaratskhelia. L'an dernier, le buteur de 23 ans a aidé le Napoli à remporter son premier titre de Serie A en 33 ans et il a été élu meilleur jeune joueur de l'UEFA Champions League 2022-2023.

SÉLECTIONNEUR

WILLY SAGNOL

JOUEUR CLÉ

KHVICHA KVARATSKHELIA

POSTE : attaquant
CLUB : Napoli (ITALIE)
ÂGE : 23 ans

La Géorgie espère se qualifier pour le premier tournoi majeur de son histoire.

Barrages : Voie C
GRÈCE

Championne d'Europe 2004, la Grèce vise une cinquième participation à l'EURO, découvert en 1980, mais dont elle est absente depuis 2012, où elle avait atteint les quarts.

Les Grecs ont terminé troisièmes d'un Groupe B relevé remporté par la France, finaliste de la Coupe du monde de la FIFA 2022, devant les Pays-Bas. Les Grecs figurent en barrages après avoir gagné leur Groupe C2 de l'UEFA Nations League, où ils ont perdu un seul de leurs six matches contre le Kosovo, l'Irlande du Nord et Chypre. Le sélectionneur Gustavo Poyet est un milieu de terrain uruguayen qui a joué à Grenoble, Chelsea et Tottenham, avant d'entraîner des clubs aussi bien en Angleterre (Brighton), qu'en Grèce (AEK Athènes), en Espagne (Bétis) et en France (Bordeaux), mais aussi en Chine et au Chili. Il peut compter sur son attaquant Georgios Masouras, brillant dans ces éliminatoires avec cinq buts (seul Kylian Mbappé a fait mieux). Parmi les cadres de l'équipe, citons le gardien Odysseas Vlachodimos, les défenseurs Giorgos Tzavellas et Kostas Tsimikas, ainsi que les milieux de terrain Andreas Bouchalakis, Tasos Bakasetas (capitaine) et Petros Mantalos.

SÉLECTIONNEUR

GUS POYET

JOUEUR CLÉ

GEORGIOS MASOURAS

POSTE : attaquant
CLUB : Olympiacos (GRÈCE)
ÂGE : 30 ans

La Grèce vise une première participation à l'EURO en 12 ans.

Barrages : Voie C
KAZAKHSTAN

Le Kazakhstan est membre de l'UEFA depuis 2002. L'équipe nationale masculine ne s'est encore jamais qualifiée pour la phase finale d'un tournoi majeur.

L'entraîneur russe Magomed Adiyev a été nommé en mai 2022 pour tenter de décrocher une première qualification historique. Il a relevé un premier défi en UEFA Nations League 2022-2023, où les Kazakhs ont remporté un Groupe C3 composé de l'Azerbaïdjan, la Slovaquie et le Bélarus. C'est donc avec une confiance retrouvée qu'ils ont abordé les éliminatoires de l'EURO 2024, dont ils ont décroché une honorable quatrième place du Groupe H, à égalité de points avec la Finlande (3e) et à seulement quatre points de la tête. Le temps fort de cette campagne aura été leur match contre le Danemark, qu'ils ont remporté 3-2 après avoir été menés 0-2. Leur état d'esprit combatif et leur efficacité en contre-attaque ont été récompensés par une autre victoire sur le fil en Irlande du Nord. Abat Aymbetov a inscrit l'unique but de ce match disputé à Belfast : il évolue dans le championnat kazakh, comme la plupart de ses coéquipiers en sélection.

SÉLECTIONNEUR
MAGOMED ADIYEV

JOUEUR CLÉ
ABAT AYMBETOV

POSTE : attaquant
CLUB : Astana (KAZAKHSTAN)
ÂGE : 28 ans

Le Kazakhstan a remporté son groupe en UEFA Nations League.

Barrages : Voie C
LUXEMBOURG

Fondée en 1908, la fédération du Luxembourg est l'une des plus anciennes du monde. Mais son équipe ne s'est jamais qualifiée pour la phase finale d'un tournoi majeur.

Les Luxembourgeois n'ont pas participé à la première édition de la Coupe d'Europe des Nations en 1960, mais ils ont disputé les 16 campagnes de qualification depuis. Celle de l'UEFA EURO 2024 a vu leurs efforts récompensés par la troisième place du Groupe J, derrière le Portugal et la Slovaquie, mais devant l'Islande et la Bosnie-Herzégovine qui disputent également les barrages. Le Luxembourg a décroché son billet en tant que dauphin de la Turquie dans le Groupe C1 de l'UEFA Nations League.

Le directeur technique national est Manuel Cardoni, ancien international auteur de cinq buts en 69 sélections entre 1993 et 2004. Dans son effectif figurent Laurent Jans, son capitaine et défenseur aux 100 sélections, ainsi que l'attaquant Gerson Rodrigues, qui a seulement été devancé par Cristiano Ronaldo et Bruno Fernandes au classement des buteurs de son groupe, avec cinq réalisations.

SÉLECTIONNEUR
MANUEL CARDONI

JOUEUR CLÉ
GERSON RODRIGUES

POSTE : attaquant
CLUB : Sivasspor (TURQUIE)
ÂGE : 28 ans

Le Luxembourg a l'occasion d'écrire une belle page à son histoire.

GROUPE F

PORTUGAL

Le Portugal est un candidat systématique au titre avec Cristiano Ronaldo, l'un des meilleurs footballeurs de l'ère moderne. Le vainqueur de l'UEFA EURO 2016 et de l'UEFA Nations League 2019 a décroché son billet pour la phase finale de 2024 avec une rapidité qui en dit long sur son ambition.

Ronaldo et ses coéquipiers ont fait partie des trois premières nations à se qualifier simultanément pour l'Allemagne. Ils ont réussi cet exploit en remportant leurs sept premiers matches du Groupe J des éliminatoires. La Slovaquie, le Luxembourg, l'Islande, la Bosnie-Herzégovine et le Liechtenstein ont été victimes du rouleau compresseur portugais. Le résultat le plus surprenant est peut-être le 9-0 infligé au Luxembourg en l'absence de Ronaldo. Il a alors été amplement suppléé par Gonçalo Inácio, Gonçalo Ramos et Diogo Jota, tous trois auteurs d'un doublé.

Ronaldo était de retour au match suivant, une victoire 3-2 sur la Slovaquie à Porto synonyme de qualification. Il a inscrit deux buts pour porter son total à 127 réalisations en sélection – en attendant la phase finale. « L'objectif est d'être systématiquement au plus haut niveau », comme l'a expliqué son sélectionneur Roberto Martínez.

La qualification du Portugal venait valider l'approche de Martínez, neuf mois après sa nomination. Il a pu souffler après son départ de la Belgique après la Coupe du monde de la FIFA 2022 au Qatar. Les *Diables rouges* avaient été éliminés en phase de groupes, tandis que le Portugal avait atteint les quarts de finale avant de s'incliner face au Maroc, dirigé par Fernando Santos qui l'avait mené au sacre à l'EURO 2016.

CI-DESSUS : le Portugal a déjà disputé huit phases finales, franchissant à chaque fois la phase de groupes ; finaliste en 2004, il a été sacré en 2016

LE PORTUGAL au Championnat d'Europe de l'UEFA

1960	Non qualifié
1964	Non qualifié
1968	Non qualifié
1972	Non qualifié
1976	Non qualifié
1980	Non qualifié
1984	Demi-finales
1988	Non qualifié
1992	Non qualifié
1996	Quarts de finale
2000	Demi-finales
2004	Finaliste
2008	Quarts de finale
2012	Demi-finales
2016	VAINQUEUR
2020*	8e de finale

*Phase finale 2020 disputée en 2021

SÉLECTIONNEUR

ROBERTO MARTÍNEZ

Roberto Martínez a été nommé à la tête du Portugal pour succéder à Fernando Santos. L'Espagnol de 50 ans a commencé sa carrière de joueur au Real Saragosse, avec qui il a remporté la Copa del Rey, avant de se frotter au football britannique avec le Wigan Athletic, Motherwell, Walsall et Swansea City. Devenu entraîneur, Martínez a pris les rênes de Swansea, puis guidé Wigan au sacre en FA Cup, avant de rejoindre Everton. Il a ensuite amené la Belgique jusqu'en quarts de finale de l'EURO 2016 et à la troisième place de la Coupe du monde 2018, avant de chuter en phase de groupes au Qatar.

JOUEUR CLÉ

BRUNO FERNANDES

POSTE : milieu de terrain
CLUB : Manchester United (ANGLETERRE)
ÂGE : 29 ans
NAISSANCE : 8 septembre 1994, à Maia
1re SÉLECTION : 10 novembre 2017 contre l'Arabie saoudite
63 **SÉLECTIONS** • 19 **BUTS**

Bruno Fernandes est un danger perpétuel au milieu de terrain. Au cours de sa carrière, il a évolué au Portugal (Boavista, Sporting), en Italie (Novara, Udinese, Sampdoria) et désormais en Angleterre, à Manchester United. En sélection, il a franchi les différents paliers d'âge et a atteint les 8es de finale aux Jeux olympiques 2016 à Rio de Janeiro. Fernandes a ensuite participé à la Coupe du monde de la FIFA 2018, un an avant d'être nommé dans l'équipe type de l'UEFA Nations League 2019 remportée par le Portugal. Il a ensuite contribué au parcours de la *Seleção* jusqu'en quarts de finale de la Coupe du monde 2022 avec deux buts et trois passes décisives. Au cours des éliminatoires de l'UEFA EURO 2024, il s'est offert un but et trois passes décisives lors de la victoire 9-0 record sur le Luxembourg.

En prenant la tête de la sélection, Martínez a opté pour un 4-3-3 avec Rúben Dias (Manchester City) au cœur de la défense. Devant lui, il installait son coéquipier en club Bernardo Santos et Bruno Fernandes (Manchester United) en milieux excentrés, au côté d'une autre star de la Premier League anglaise, João Palhinha (Fulham).

En attaque, Martínez n'a que l'embarras du choix pour accompagner Ronaldo. Au-delà de Ramos et Jota, la *Seleção* peut compter sur l'expérience de João Félix ainsi que sur Rafael Leão. Les exploits de ce dernier à l'AC Milan lui ont valu de récupérer le maillot n° 10 mythique porté par des légendes du club comme Ruud Gullit et Roberto Baggio.

Le Portugal est familier des plus hautes sphères du football international. Benfica a été le premier club à briser l'hégémonie du Real Madrid sur la Coupe d'Europe des clubs champions au début des années 1960 et a fourni la colonne vertébrale de l'équipe du Portugal, troisième de la Coupe du monde 1966. Ce résultat exceptionnel devait beaucoup à Eusébio, le génial attaquant né au Mozambique qui a terminé meilleur buteur du tournoi (neuf buts).

Après une « décennie perdue » dans les années 1970, le Portugal a su rebondir. Porto a remporté la Coupe d'Europe, tandis qu'émergeait une nouvelle génération dorée qui remportait la Coupe du monde des moins de 20 ans de la FIFA en 1989 ainsi qu'en 1991 avec l'aide de sa jeune star Luís Figo, futur Ballon d'or et Meilleur footballeur de l'année de la FIFA.

Sous la houlette de José Mourinho, Porto a remporté la Coupe de l'UEFA et l'UEFA Champions League en 2003 et 2004 pour raviver la confiance dans les rangs portugais. La sélection a été finaliste de l'EURO 2004 qu'elle organisait, puis demi-finaliste de la Coupe du monde 2006. Le Portugal pouvait alors compter sur Cristiano Ronaldo, lequel a poussé ses coéquipiers depuis la touche en finale de l'EURO 2016, alors qu'il était sorti sur blessure, ce qui a porté ses fruits : le Portugal remportait ce titre tant convoité, face au pays hôte, la France.

LE SAVIEZ-VOUS ?

Fernando Santos a dirigé 109 matches avec le Portugal, un record : sous sa direction entre 2014 et 2022, la nation a remporté l'EURO 2016 et l'UEFA Nations League en 2019.

GROUPE F

TCHÉQUIE

La Tchéquie conserve un statut à part dans les compétitions internationales. Elle dispute sa septième édition consécutive à l'EURO, dont elle a atteint la finale en 1996. Avant cela, elle a remporté le titre de 1976 sous la bannière de la Tchécoslovaquie.

Les Tchèques se sont qualifiés pour l'Allemagne en obtenant la deuxième place du Groupe E, derrière l'Albanie. Ils sont parfaitement entrés dans cette campagne en s'imposant 3-1 face à la Pologne et ont perdu un seul match, 3-0 en Albanie, contre qui ils avaient match nul 1-1 à domicile. Ce revers leur a coûté cher : terminant à égalité de points avec l'Albanie, les Tchèques lui cédaient la première place à la règle des confrontations directes.

Cette déception et la pression ont eu raison du sélectionneur Jaroslav Šilhavý, qui a démissionné après cinq années en poste. Šilhavý (62 ans) avait guidé la Tchéquie à deux tournois de l'EURO, mais a décidé qu'il était temps de céder les rênes, une fois la qualification acquise.

La tradition est forte au pays : elle remonte au tout début du XXe siècle, avant même la création de la Tchécoslovaquie, constituée au lendemain de la Première Guerre mondiale et dont la sélection a brillé dans l'entre-deux-guerres.

Le Sparta et le Slavia ont dominé la Coupe Mitropa – un précurseur de l'UEFA Champions League opposant des clubs d'Europe centrale – et l'équipe nationale a été finaliste de la Coupe internationale européenne 1930 puis de la Coupe du monde de la FIFA 1934. Les stars de l'époque

CI-DESSUS : la Tchéquie s'illustre souvent à l'EURO, avec un titre, une finale perdue et trois apparitions en demi-finales depuis 1960

LA TCHÉQUIE au Championnat d'Europe de l'UEFA

1960**	3e place
1964**	Non qualifiée
1968**	Non qualifiée
1972**	Non qualifiée
1976**	VAINQUEUR
1980**	3e place
1984**	Non qualifiée
1988**	Non qualifiée
1992**	Non qualifiée
1996	Finaliste
2000	Phase de groupes
2004	Demi-finales
2008	Phase de groupes
2012	Quarts de finale
2016	Phase de groupes
2020*	Quarts de finale

* Phase finale 2020 disputée en 2021
** En tant que Tchécoslovaquie

SÉLECTIONNEUR

IVAN HAŠEK

Ivan Hašek a été nommé début janvier 2024 pour un second mandat à la tête de la sélection, en succédant à Jaroslav Šilhavý. Hašek (60 ans) a inscrit cinq buts en 60 matches pour sa sélection et a disputé les quarts de finale de la Coupe du monde de la FIFA 1990. Il a passé la majorité de sa carrière au Sparta Prague avant de devenir président de la fédération nationale en 2009 et 2011. Hašek a ensuite entraîné des clubs et sélections en Tchéquie, en France (Strasbourg et Saint-Étienne), au Japon, au Gabon, au Liban, au Qatar, en Arabie saoudite et aux Émirats arabes unis.

JOUEUR CLÉ

TOMÁŠ SOUČEK

POSTE : milieu de terrain
CLUB : West Ham (ANGLETERRE)
ÂGE : 29 ans
NAISSANCE : 27 février 1995, à Havlíčkův Brod
1re SÉLECTION : 15 novembre 2016 contre le Danemark
66 **SÉLECTIONS** · 12 **BUTS**

Tomáš Souček est un cadre de l'entrejeu tchèque depuis sept ans. Élu trois fois joueur de l'année par les médias tchèques, il a reçu la médaille d'argent Jan Masaryk pour son rôle d'ambassadeur sportif national en 2021. Souček a commencé sa carrière au Slavia Prague, qui l'a transféré à West Ham United en 2020 pour 16 M€. Pouvant évoluer au poste de milieu défensif ou offensif, il a joué un rôle clé dans le sacre des *Hammers* en UEFA Europa Conference League en 2023, qui mettait un terme à 43 années de disette. Souček a représenté la République tchèque dans les catégories juniors avant d'honorer sa première sélection en senior face au Danemark en 2016. Il a participé au parcours tchèque jusqu'en quarts de finale de l'EURO 2020 avant d'être nommé capitaine de l'équipe.

étaient le gardien František Plánička et les attaquants Oldřich Nejedlý, Antonín Puč et Josef Bican, alias « Pepi ».

Après la Seconde Guerre mondiale, le club de l'armée, Dukla, dirigé par le grand milieu de terrain Josef Masopust, fournissait la colonne vertébrale de l'équipe nationale finaliste de la Coupe du monde 1962 face au Brésil. La Tchécoslovaquie figurait également parmi les grandes nations aux prémices de l'EURO. Elle a terminé troisième de la première phase finale en France, puis a remporté une finale 1976 à suspense aux tirs au but contre la RFA, avant d'être de nouveau troisième en 1980 au terme d'une séance de buts au but contre l'Italie à Naples.

Le quart de finale de la Coupe du monde 1990 a été le chant du cygne du pays, qui s'est ensuite séparé en République tchèque et Slovaquie. Les Tchèques ont prouvé qu'ils demeuraient un poids lourd de la scène européenne en atteignant la finale de l'EURO '96 en Angleterre, puis les demi-finales en 2004.

Sa tradition cosmopolite est respectée au sein d'un effectif composé de joueur évoluant en Allemagne, Angleterre, Grèce, Italie, Pays-Bas, Pologne, Portugal, Slovaquie et aux États-Unis. L'expérimenté défenseur Vladimír Coufal joue à West Ham avec son capitaine de sélection Tomáš Souček. Durant les éliminatoires, la défense tchèque s'est aussi appuyée sur le vécu de Jakub Brabec et Tomáš Holeš.

Souček est un milieu polyvalent par excellence et il est épaulé dans l'entrejeu par Lukáš Masopust, Lukáš Provod et Michal Sadílek. Le capitaine Souček a d'ailleurs été le meilleur buteur tchèque de cette campagne à trois réalisations, une de plus que Ladislav Krejčí.

LE SAVIEZ-VOUS ?

La Tchéquie, et la Tchécoslovaquie avant elle, ont participé à 10 éditions de la phase finale, dont les sept dernières.

2012

Moments magiques :

SHEVCHENKO FLAMBOYANT

11 juin 2012/Kyiv

L'EURO a été organisé en Europe de l'Est pour la première fois en 2012, en Ukraine et en Pologne. Il s'agissait du troisième tournoi coorganisé par deux pays, après les éditions 2000 et 2008. Dans le match d'ouverture, les Polonais avaient tenu en échec la Grèce 1-1, avant que l'Ukraine n'écrive un nouveau chapitre de son histoire en s'imposant 2-1 contre la Suède devant 64 000 fans en fusion. Comme un symbole, c'est son capitaine Andriy Shevchenko, le plus grand joueur de l'Ukraine, qui a marqué les deux buts de son équipe, de la tête, après l'ouverture du score suédois en début de seconde période. International ukrainien depuis 1995, Shevchenko, alors âgé de 35 ans, s'était engagé dans une course contre la montre pour être prêt pour la compétition, après avoir subi une série de graves blessures. Il a pris sa retraite internationale après cette phase finale avec 48 buts en 111 sélections, un record alors.

À DROITE : le capitaine ukrainien Andriy Shevchenko fête avec les supporteurs son but décisif, lors du premier match du pays coorganisateur face à la Suède en 2012

EURO2012
adidas

UEFA
EURO2024
GERMANY

LES SUPERSTARS DE L'EURO 2024

L'Europe regorge de joueurs au talent immense, avec un réservoir de stars inégalé, grâce à la tradition de ses nations et la qualité de ses clubs. Des gardiens comme Gianluigi Donnarumma aux attaquants de la trempe d'Harry Kane, les superstars d'Europe sont admirées et suivies par les fans du monde entier pour leur talent, leurs exploits passés et ceux à venir.

KEVIN DE BRUYNE

Alliant talent, *vista*, travail et efficacité face au but, Kevin De Bruyne a grandement contribué aux parcours remarquables de la Belgique sur la scène européenne et mondiale, ainsi qu'aux succès de Manchester City en UEFA Champions League comme en Premier League anglaise.

POSTE : milieu de terrain
CLUB : Manchester City (ANGLETERRE)
NAISSANCE : 28 juin 1991
1re SÉLECTION :
11 août 2010 contre la Finlande
99 **SÉLECTIONS**
26 **BUTS**

La carrière de la future superstar du football mondial a commencé dans sa ville natale, au KVE Drongen, au centre de la Belgique. De Bruyne a rapidement franchi les paliers à La Gantoise, puis au KRC Genk, avec qui il est sacré champion. Il a ensuite rejoint Chelsea pour découvrir la Premier League, avant d'être prêté en Allemagne au Werder Brême, puis transféré au VfL Wolfsburg pour 30 M€.

Les exploits de Kevin De Bruyne en club comme en sélection ont suscité l'intérêt en Manchester City : il retourne donc en Angleterre en 2015 pour 65 M€, un montant record à l'époque pour un joueur belge. Au cours des neuf saisons qui ont suivi, il n'a cessé de progresser, sous les ordres de Manuel Pellegrini au départ, mais surtout sous la direction de Pep Guardiola par la suite.

Avec City, il a remporté plus d'une douzaine de trophées, dont l'UEFA Champions League. À titre personnel, il a été élu joueur de l'année en Allemagne, sportif de l'année en Belgique, joueur de la saison en Premier League et milieu de terrain de la saison en Champions League.

De Bruyne a représenté la Belgique en équipes M18, M19 et en Espoirs, avant d'honorer sa première sélection en senior en août 2010, à l'occasion d'un déplacement en Finlande. Son premier but est intervenu deux mois plus tard, en Serbie. De Bruyne a ensuite gagné une place de titulaire avant la Coupe du monde de la FIFA 2014.

Les *Diables rouges* sont parvenus à atteindre les quarts de finale au Brésil, ainsi qu'à l'EURO 2016 et 2020. Entre-temps, De Bruyne et ses coéquipiers ont fait encore mieux à la Coupe du monde 2018 en Russie, en terminant à la troisième place.

À DROITE : Kevin De Bruyne a joué 19 matches en sélections juniors de la Belgique avant d'être appelé en équipe A en 2010

GIANLUIGI DONNARUMMA

Gianluigi Donnarumma s'est révélé comme l'un des géants du football européen lorsque, à seulement 22 ans, il a arrêté deux tirs au but pour aider l'Italie à remporter la séance des tirs au but contre l'Angleterre en finale de l'UEFA EURO 2020 à Wembley.

POSTE : gardien
CLUB : Paris Saint-Germain (FRANCE)
NAISSANCE : 25 février 1999
1re SÉLECTION :
1er septembre 2016 contre la France
60 **SÉLECTIONS**
0 **BUT**

Né à Castellammare di Stabia dans la baie de Naples, Donnarumma a suivi son frère Antonio à l'AC Milan en 2013, alors qu'il était encore adolescent. Son potentiel lui a permis d'être surclassé et de passer professionnel à 16 ans, avant de disputer son premier match de Serie A contre Sassuolo en 2015. L'année suivante, il devenait le plus jeune joueur à être titularisé dans un derby contre l'Inter Milan.

Rapidement, il s'est illustré dans l'exercice des penalties. Donnarumma a arrêté son premier face au Torino, au début de la saison 2016-2017, puis un tir au but lors de la victoire sur la Juventus en Super Coupe d'Italie à Doha. Les mains fermes et habile au pied, il est devenu le plus jeune joueur du Milan à disputer 100 matches, une barre qu'il a n'a pas tardé à franchir en Serie A aussi.

La personnalité et les réflexes de Donnarumma ont accéléré sa progression dans les sélections juniors italiennes. Puis il a honoré sa première sélection en tant que remplaçant du légendaire Gianluigi Buffon, au cours d'un match amical contre la France. À 17 ans et 189 jours, Donnarumma est devenu le plus jeune gardien de l'histoire de l'Italie.

Titulaire dans tous les matches des *Azzurri* à l'EURO 2020, il a notamment brillé dans les séances de tirs au but remportées contre l'Espagne en demi-finale, puis face à l'Angleterre en finale. Le portier a également reçu le trophée de meilleur joueur du tournoi. Ce même été, il rejoignait le Paris Saint-Germain, où il a bien étoffé son palmarès. Donnarumma a également aidé l'Italie à terminer sur le podium en UEFA Nations League 2021 et 2023.

À DROITE : Gianluigi Donnarumma a été désigné meilleur joueur de l'EURO 2020

CHRISTIAN ERIKSEN

Christian Eriksen s'est fait un nom sur la scène internationale en devenant le plus jeune joueur de la Coupe du monde de la FIFA 2010 en Afrique du Sud, à seulement 18 ans et quatre mois. Depuis, il est devenu le joueur le plus créatif, mais surtout le plus capé du Danemark.

POSTE : milieu de terrain
CLUB : Manchester United (ANGLETERRE)
NAISSANCE : 14 février 1992
1re SÉLECTION : 3 mars 2010 contre l'Autriche
128 **SÉLECTIONS**
40 **BUTS**

La carrière du meneur de jeu a commencé à l'Odense Boldklub avant de l'amener aux Pays-Bas, en Angleterre puis en Italie, respectivement à l'Ajax Amsterdam, à Tottenham et à l'Inter Milan. Eriksen est ensuite retourné en Angleterre pour évoluer à Brentford, puis Manchester United. N° 10 à l'ancienne, il a été sacré trois fois champion de l'Eredivisie et une fois en Serie A, en plus de remporter la coupe avec United et d'être finaliste de l'UEFA Champions League avec Tottenham en 2019.

Tout au long de sa carrière, Eriksen est resté un joueur clé du Danemark. Créatif et décisif, il a mené son équipe à la Coupe du monde 2018 : auteur de huit buts lors des éliminatoires, il avait ensuite réalisé un triplé en barrages contre la République d'Irlande. En phase finale, les Danois sont allés jusqu'en 8es de finale, avant de s'incliner aux tirs au but contre la Croatie.

En octobre 2020, Eriksen est devenu le plus jeune Danois à atteindre la barre des 100 sélections et il l'a fêté en inscrivant le but de la victoire 1-0 contre l'Angleterre à Wembley. Malheureusement, huit mois plus tard, sa carrière a été interrompue lorsqu'il a été victime d'un arrêt cardiaque pendant un match de phase de groupes de l'UEFA EURO 2020 contre la Finlande à Copenhague.

Eriksen a été opéré et équipé d'un défibrillateur, ce qui lui a permis de reprendre sa carrière en fanfare en Premier League, avec Brentford puis Manchester United. Parallèlement, il a marqué son retour en sélection en marquant contre les Pays-Bas en mars 2022.

À DROITE : Christian Eriksen a été le plus jeune Danois à honorer 100 sélections

İLKAY GÜNDOĞAN

İlkay Gündoğan est l'un des milieux de terrain les plus polyvalents du football européen, comme l'a confirmé son titre de joueur allemand de l'année 2023. Omniprésent d'une surface de réparation à l'autre, il se distingue par le timing de ses appels pour créer des occasions de but.

POSTE : milieu de terrain
CLUB : FC Barcelone (ESPAGNE)
NAISSANCE : 24 octobre 1990
1re SÉLECTION :
11 octobre 2011 contre la Belgique
73 **SÉLECTIONS**
18 **BUTS**

La famille de Gündoğan est originaire de Dursunbey, en Turquie, mais il est né et a grandi à Gelsenkirchen, au cœur de la Ruhr allemande. De 2008 à 2012, il a évolué dans les différentes catégories d'âge de l'Allemagne. Après 17 matches en sélections juniors, il a honoré sa première sélection en A en octobre 2011, peu après quitté Nuremberg pour le Borussia Dortmund.

En mars 2013, ses anciens supporteurs de Nuremberg ont pu le voir inscrire son premier but en sélection, au cours d'une victoire 4-1 sur le Kazakhstan en qualification de la Coupe du monde de la FIFA. Sa progression a malheureusement été interrompue par de graves blessures au début de la saison 2013-2014, puis en mai 2016 – ce qui l'a privé de l'UEFA EURO 2016 en France.

Gündoğan attend encore de faire ses preuves dans un grand tournoi avec l'Allemagne. Il a fait partie de l'équipe éliminée en phase de groupes de la Coupe du monde russe en 2018, puis en 8es de finale à l'EURO suivant.

Le Mondial 2022 au Qatar s'est soldé par une nouvelle déception. Ces déconvenues contrastent avec les joies qu'il a vécues en clubs : sacré champion d'Allemagne avec le Borussia Dortmund en 2012, il a ensuite été la première recrue de Pep Guardiola à Manchester City, en 2016. Gündoğan s'est montré digne de sa confiance en jouant un rôle actif dans cinq titres de Premier League anglaise et dans le succès en UEFA Champions League, avant de rejoindre Barcelone en 2023. L'EURO 2024, devant son public, tombe donc à point nommé pour la star.

À DROITE : İlkay Gündoğan a remporté la plus prestigieuse des compétitions de clubs de l'UEFA en 2023, un exploit qu'il veut maintenant reproduire avec sa sélection

HARRY KANE

Harry Kane est le capitaine et le meilleur buteur de l'histoire de l'équipe d'Angleterre. En neuf années de sélection, le joueur du Bayern Munich (30 ans) a prouvé qu'il était l'attaquant idéal, alliant robustesse, finesse technique et vision du jeu.

POSTE : attaquant
CLUB : Bayern Munich (ALLEMAGNE)
NAISSANCE : 28 juin 1991
1re SÉLECTION :
27 mars 2015 contre la Lituanie
89 **SÉLECTIONS**
62 **BUTS**

Auteur de son 54e but pour les *Three Lions* l'an dernier en mars contre l'Italie en éliminatoires de l'EURO, il a battu le record établi en 2015 par son ancien coéquipier Wayne Rooney, le soir de sa 81e apparition sous le maillot anglais.

Kane a franchi tous les paliers des sélections juniors, évoluant en M17, M19, M20 et en Espoirs. Buteur à la Coupe du monde U-20 de la FIFA, c'était un cadre de l'équipe Espoirs jusqu'à ce qu'il honore sa première sélection avec l'équipe fanion contre la Lituanie, en qualification de l'UEFA EURO 2016. Entré en jeu en seconde période, il lui aura fallu seulement 90 secondes pour débloquer son compteur de buts. Quelques jours plus tard, il était titulaire pour la première fois, à l'occasion d'un match nul 1-1 contre l'Italie à Turin.

Kane a été nommé capitaine en mai 2018, avant de mener l'équipe d'Angleterre jusqu'en demi-finale de la Coupe du monde de la FIFA en Russie, un tournoi dont il a terminé meilleur avec six réalisations.

C'est à Tottenham qu'il a commencé sa carrière professionnelle, mais il a été prêté à quatre autres clubs avant de faire ses débuts en Premier League, en avril 2014. Kane a inscrit 280 buts pour les Spurs, toutes compétitions confondues, un record. Lors de la campagne de Tottenham jusqu'en finale de l'UEFA Champions League 2019, il a marqué à quatre reprises. Il a terminé trois fois meilleur buteur de la Premier League, avant d'être transféré au Bayern l'été dernier pour 110 M€, un record en Allemagne.

Kane a quitté la Premier League avec 213 buts, derrière Alan Shearer (260), mais devant Rooney (208).

À DROITE : Harry Kane a démontré son efficacité face au but, en clubs comme en sélection

KYLIAN MBAPPÉ

La virtuosité explosive de Kylian Mbappé illumine le football international. En 2018, âgé de 19 ans, il a été le plus jeune joueur à marquer en finale d'une Coupe du monde de la FIFA depuis Pelé en 1958. En 2022, il a été le meilleur buteur de la phase finale au Qatar avec huit réalisations.

POSTE : attaquant
CLUB : Paris Saint-Germain (FRANCE)
NAISSANCE : 20 décembre 1998
1re SÉLECTION :
25 mars 2017 contre le Luxembourg
75 **SÉLECTIONS**
46 **BUTS**

L'histoire de Mbappé est intimement liée à Bondy : c'est dans la banlieue nord-est de Paris qu'il est né, qu'il a grandi et qu'il a fait ses premiers dribbles, à l'AS Bondy, où son père Wilfried était entraîneur. Ses talents lui ont valu de rejoindre Monaco, dont il a été le plus jeune joueur à débuter en professionnel, à 16 ans et 347 jours.

À force de buts, Mbappé a mené Monaco au titre de Ligue 1, ainsi qu'en demi-finale de l'UEFA Champions League en 2017. Il a ensuite rejoint le Paris Saint-Germain pour 180 M€, devenant le deuxième joueur le plus cher de l'histoire.

L'attaquant y a parfaitement répondu aux attentes, aidant le PSG à remporter cinq titres de champion de France, ainsi que deux triplés Championnat-Coupe-Coupe de la Ligue, en plus d'atteindre la finale de la Champions League 2020. Alliant talent, vitesse et efficacité, Mbappé a été élu meilleur joueur de France en 2018, 2019 et 2022.

Avec les *Bleus*, il a remporté le Championnat d'Europe des moins de 19 ans de l'UEFA 2016 et fait ses débuts en équipe A l'année suivante, à seulement 18 ans. Lors de la campagne triomphante à la Coupe du monde 2018, il est devenu le plus jeune Français à marquer dans un Mondial, puis le deuxième plus jeune au monde à marquer en finale, après Pelé. Auteur de quatre buts et de prestations époustouflantes, il a été désigné Meilleur jeune joueur.

Dès lors, il s'est montré non arrêtable. En 2021, il a inscrit de but de la victoire en finale de l'UEFA Nations League contre l'Espagne. Et l'année suivante, il est devenu le deuxième joueur à marquer un triplé en finale d'une Coupe du monde (après l'Anglais Geoffrey Hurst en 1966), même si ce match épique s'est soldé par une défaite.

À DROITE : Kylian Mbappé a été élu meilleur joueur de Ligue 1 trois fois en cinq ans, entre 2018 et 2022

A. WILLIAMS
6
21
17
4
3

2016

Moments magiques :

GALLOIS VAILLANTS CHEZ LES GAULOIS

11 juin 2016/Bordeaux

Inspiré par son capitaine Gareth Bale, le Pays de Galles a marqué sa première participation dans un tournoi majeur depuis 58 ans en atteignant les demi-finales en France. Pour retrouver un parcours similaire, il fallait remonter aux quarts de finale de la Coupe du monde de la FIFA 1958 en Suède. Les Gallois ont donc fait encore mieux à l'UEFA EURO 2016, un tournoi qu'ils ont parfaitement commencé en s'imposant 2-1 contre la Slovaquie. Bale, qui venait de remporter le deuxième de ses cinq titres d'UEFA Champions League avec le Real Madrid, a donné le ton en marquant après seulement 10 minutes de jeu. De nouveau buteur face à l'Angleterre et la Russie, il a propulsé son équipe en phase à élimination directe. L'Irlande du Nord et la Belgique seraient ses victimes suivantes, avant que l'épopée ne s'arrête en demi-finale face au Portugal.

À GAUCHE : Gareth Bale marque sur coup franc direct pour offrir une entame parfaite au Pays de Galles, qui participait à son premier EURO, avec une victoire 2-1 sur la Slovaquie en 2016

ALEKSANDAR MITROVIĆ

Aleksandar Mitrović est le meilleur buteur de l'histoire de la Serbie après une décennie marquée non seulement par son efficacité, mais aussi par son leadership. Mitrović a excellé à tous les niveaux juniors et a été élu deux fois joueur serbe de l'année.

POSTE : attaquant
CLUB : Al-Hilal (ARABIE SAOUDITE)
NAISSANCE : 16 septembre 1994
1re SÉLECTION :
7 juin 2013 contre la Belgique
87 **SÉLECTIONS**
57 **BUTS**

Mitrović a défloré son palmarès international en 2013, lorsque la Serbie a remporté le Championnat d'Europe des moins de 19 ans de l'UEFA, dont il a été désigné meilleur joueur. Son style puissant et direct lui a valu d'être rapidement promu chez les Espoirs, puis en équipe A en juin 2013 contre la Belgique, pour un match de qualification de la Coupe du monde de la FIFA 2014 à Bruxelles. Son premier but en sélection senior intervenait trois mois plus tard, contre la Croatie, et son premier triplé en juin 2018 contre la Bolivie, dans un match amical de préparation pour la Coupe du monde.

La Serbie de Mitrović n'est pas parvenue à franchir l'obstacle de la phase de groupes en Russie, ni à se qualifier pour l'UEFA EURO 2020. L'attaquant a réagi en qualifiant sa nation pour la Coupe du monde 2022 au Qatar grâce à huit buts en qualification, dont celui de la victoire à la dernière minute contre le Portugal dans l'ultime match. Mitrović a ensuite marqué à deux reprises en phase finale, avant que la Serbie ne sorte en phase de groupes.

Mitrović est né à Smederevo, une petite ville située à 50 km de Belgrade, où il a fait ses débuts en tant que professionnel au Partizan en 2012. Sacré champion lors de sa première saison complète, il est alors transféré à Anderlecht, où il continue de faire trembler les filets avec une régularité qui lui permet d'être champion de Belgique.

En 2015, il rejoint la Premier League anglaise en s'engageant à Newcastle United. Trois ans plus tard, Mitrović part à Fulham, qui évolue alors en seconde division. Il inscrit alors un nombre de buts record dans l'ère moderne du Championship (43 réalisations) et aide le club londonien à retrouver l'élite. Il a rejoint Al-Hilal (Arabie saoudite) l'an dernier pour 52 M€.

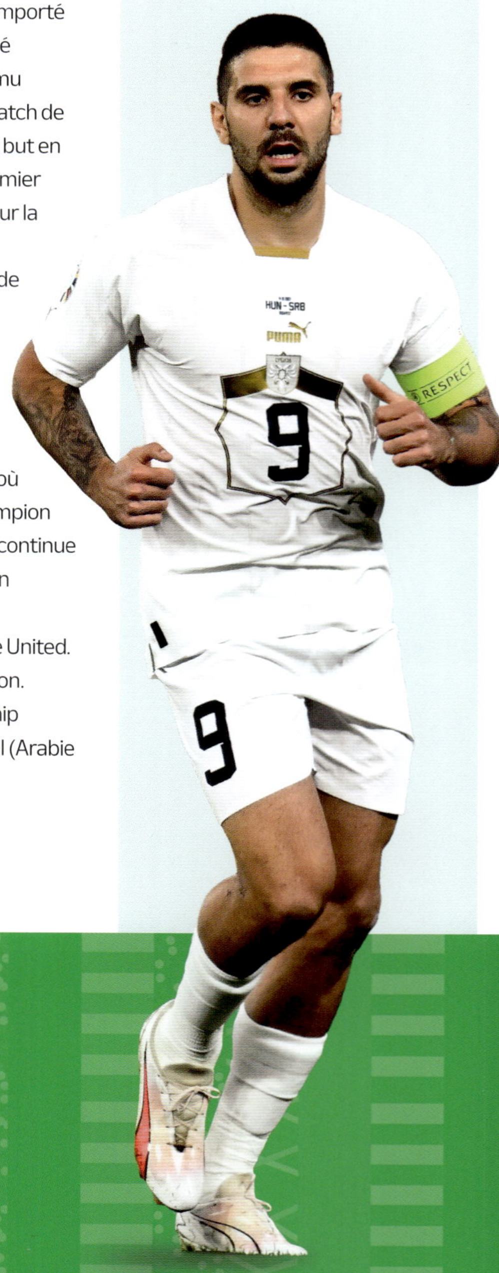

À DROITE : Aleksandar Mitrović s'est forgé sa réputation en menant la Serbie au titre à l'EURO M19 en 2013

LUKA MODRIĆ

POSTE : milieu de terrain
CLUB : Real Madrid (ESPAGNE)
NAISSANCE : 9 septembre 1985
1re SÉLECTION :
1er mars 2006 contre l'Argentine
172 **SÉLECTIONS**
24 **BUTS**

Capitaine inusable et meneur de jeu de la Croatie, Luka Modrić est l'une des plus grandes stars du football mondial depuis plus d'une décennie. Il a été nommé joueur de l'année 2018 après avoir mené les Croates jusqu'en finale de la Coupe du monde de la FIFA en Russie.

La capacité de Modrić à faire le lien entre défense et attaque a été la clé de son palmarès phénoménal, alors que sa forme physique et sa longévité remarquables lui valent l'admiration aussi bien de ses coéquipiers que de ses adversaires.

Sa carrière exceptionnelle a commencé au Dinamo Zagreb, où il a remporté deux titres de champion et deux Coupes de Croatie avant de rejoindre Tottenham en 2008, puis le Real Madrid en 2012 pour 30 M€ – une sacrée affaire, rétrospectivement.

Sous le maillot des *Merengues*, Modrić a remporté 23 trophées, dont cinq titres en UEFA Champions League, autant en Coupe du monde des clubs de la FIFA, plus quatre Super Coupes d'Europe. Il a par ailleurs été élu joueur croate de l'année à 11 reprises.

En 2018, il a reçu les prix de meilleur joueur de la Coupe du monde, meilleur joueur FIFA, ainsi que le Ballon d'or. Il est ainsi devenu le premier homme en plus d'une décennie à briser l'hégémonie de Lionel Messi et Cristiano Ronaldo.

Modrić avait 20 ans lorsqu'il a honoré sa première sélection, en mars 2006 contre l'Argentine. Trois mois plus tard, il disputait son premier match de Coupe du monde en Allemagne, puis il a joué un rôle central lors du parcours de la Croatie jusqu'en quarts de finale de l'EURO 2008.

Dix ans plus tard, Modrić a été nommé capitaine pour la campagne mémorable de la Croatie à la Coupe du monde 2018. Avec ses coéquipiers, il a terminé troisième du Mondial 2022 et finaliste de l'UEFA Nations League 2023.

À DROITE : Luka Modrić a remporté toutes les récompenses individuelles possibles pour son leadership en club comme en sélection

JAN OBLAK

Jan Oblak est l'un des meilleurs gardiens au monde, et l'un des plus spectaculaires. Capitaine de la Slovénie, il a été sacré six fois meilleur joueur slovène après avoir démontré ses réflexes sur sa ligne et son statut de patron de sa surface de réparation.

POSTE : gardien
CLUB : Atlético de Madrid (ESPAGNE)
NAISSANCE : 7 janvier 1993
1re SÉLECTION :
11 septembre 2012 contre la Norvège
62 **SÉLECTIONS**
0 **BUT**

Oblak n'a joué que brièvement en Slovénie : son potentiel a rapidement attiré l'attention de clubs italiens en anglais, et il n'avait encore que 17 ans lorsqu'il a quitté l'Olimpija Ljubljana pour Benfica. Il est alors prêté successivement à Beira-Mar, Olhanense, União de Leiria et Rio Ave afin qu'il engrange de l'expérience.

De retour à Benfica en 2013, Oblak aide les *Aigles* à réaliser un dixième doublé coupe-championnat du Portugal, un record. Cette même saison, il remporte également la Coupe de la Ligue portugaise et aide Benfica à atteindre la finale de l'UEFA Europa League, où il s'incline aux tirs au but contre Séville. Ses exploits sur la scène nationale et internationa e lui valent un transfert immédiat à l'Atlético, qui débourse 16 M€ pour s'offrir ses services, ce qui en fait le gardien le plus cher de l'histoire de la Liga espagnole.

Le talent d'Oblak a été un facteur important dans les succès de l'Atlético. Avec lui, les *Colchoneros* ont remporté l'Europa League et la Super Coupe de l'UEFA en 2018, puis le Championnat d'Espagne en 2021. Sa fiabilité et sa régularité au plus haut niveau lui ont valu de recevoir cinq fois le trophée Zamora, qui récompense le meilleur gardien de la Liga. Il a également été élu meilleur joueur de la Liga en 2021.

Oblak a disputé 25 matches en sélections juniors et Espoirs de la Slovénie avant d'honorer sa première sélection en A en septembre 2012, contre la Norvège en éliminatoires de la Coupe du monde de la FIFA. Quatre ans plus tard, il devenait un titulaire indiscutable et il était nommé capitaine en 2019.

À DROITE : capitaine de la Slovénie, Jan Oblak est l'un des plus grands gardiens en Espagne

RODRI

Rodri s'est imposé comme un milieu défensif exemplaire en équipe d'Espagne comme avec Manchester City, un poste devenu primordial dans le football international. Sa *vista* et son intelligence tactique lui ont permis de remporter une douzaine de titres en clubs comme en sélection.

POSTE : milieu de terrain
CLUB : Manchester City (ANGLETERRE)
NAISSANCE : 22 juin 1996
1re SÉLECTION :
21 mars 2018 contre l'Allemagne
48 **SÉLECTIONS**
1 **BUT**

Rodrigo Hernández Cascante a connu plus de succès en 2022-2023 que de nombreux joueurs exceptionnels dans toute leur carrière. Il a réalisé une saison exceptionnelle avec Manchester City qui lui a rapporté quatre trophées majeurs : l'UEFA Champions League, la Super Coupe de l'UEFA, la Premier League anglaise et la FA Cup.

Rodri a par ailleurs aidé l'Espagne à se qualifier pour l'UEFA EURO 2024, ce qui lui vaut d'être qualifié de « meilleur milieu de terrain d'Europe » par son manager Pep Guardiola, qui fait partie de ses nombreux admirateurs.

Né à Madrid, Rodri a commencé à l'Atlético, mais c'est à Villarreal qu'il s'est réellement fait un nom. L'Atlético a dû débourser 20 M€ pour le récupérer en 2018, mais en a été immédiatement récompensé lorsque Rodri a marqué lors de la victoire en Super Coupe de l'UEFA face aux voisins du Real Madrid.

Moins d'un an plus tard, il est devenu la recrue la plus chère de l'histoire de Manchester City (70 M€), mais, là encore, il a fêté son premier match avec un trophée, le Community Shield 2019.

Enchaînant les succès en clubs, Rodri a simultanément accompagné l'essor de son équipe nationale. Après avoir joué en sélections M16, M19 et en Espoirs, il a honoré sa première sélection senior en tant que remplaçant lors d'un match nul 1-1 contre l'Allemagne en 2018.

Son palmarès avec la *Roja* est toutefois encore vierge – pour le moment. Rodri était membre de l'équipe d'Espagne battue aux tirs au but à la fois par l'Italie en demi-finale de l'UEFA EURO 2020 et par le Maroc en 8es de finale de la Coupe du monde de la FIFA 2022.

À DROITE : Rodri a réalisé le quadruplé avec Manchester City lors de la saison 2022-2023

CRISTIANO RONALDO

Cristiano Ronaldo a accumulé les records les plus phénoménaux de l'histoire du football européen. Il détient celui du nombre de sélections pour un footballeur et celui du nombre de buts en équipe nationale – sans parler de ses trophées et ses récompenses.

POSTE : attaquant
CLUB : Al-Nassr (ARABIE SAOUDITE)
NAISSANCE : 5 février 1985
1re SÉLECTION :
20 août 2003 contre le Kazakhstan
205 **SÉLECTIONS**
128 **BUTS**

Les exploits de Cristiano Ronaldo dos Santos Aveiro lui ont valu de remporter le prix de joueur de l'année de la FIFA à sept reprises et celui du joueur portugais de l'année quatre ans de suite. L'aéroport de son île natale de Madère a été renommé en son honneur.

« CR7 » totalise plus de 50 récompenses individuelles et son armoire à trophées compte l'UEFA Champions League (cinq sacres), la Coupe du monde des clubs de la FIFA (remportée quatre fois) avec Manchester United et le Real Madrid, ainsi que l'UEFA EURO 2016 et l'UEFA Nations League, dont il a gagné l'édition inaugurale en 2019.

Au fil de sa carrière, Ronaldo est également devenu le seul joueur à être sacré meilleur buteur du championnat à la fois en Angleterre (avec United), en Espagne (avec le Real) et en Italie (avec la Juventus).

Le capitaine du Portugal avait 18 ans lorsqu'il a honoré sa première sélection, en août 2003 contre le Kazakhstan. En 2021, quelque 18 ans plus tard, l'appétit insatiable de Ronaldo l'a vu devenir le meilleur buteur de l'histoire en sélection, lorsqu'il a inscrit ses 100e et 111e buts face à la République d'Irlande (2-1). Et en mars de l'an dernier, il a dépassé le record du nombre de matches disputés en équipe nationale, effaçant la marque du Koweïtien Bader Al-Mutawa le jour de sa 197e sortie sous le maillot du Portugal.

Entre-temps, au Qatar, il est devenu le premier joueur à marquer dans cinq Coupes du monde de la FIFA, après avoir réalisé cet exploit dans cinq éditions de l'EURO. Après le Mondial 2022, Ronaldo s'est embarqué pour une nouvelle aventure avec Al-Nassr en Arabie saoudite, après un deuxième passage à Manchester United.

À DROITE : Cristiano Ronaldo a battu tous les records individuels possibles avec le Portugal

DOMINIK SZOBOSZLAI

Dominik Szoboszlai est l'incarnation la plus récente de l'histoire footballistique de la Hongrie. Y figure la finale de la Coupe du monde de la FIFA 1938, les *Magyars* magiques des années 1950, les équipes championnes olympiques, et des joueurs et entraîneurs légendaires.

POSTE : milieu de terrain
CLUB : Liverpool (ANGLETERRE)
NAISSANCE : 25 octobre 2000
1re SÉLECTION :
21 mars 2019 contre la Slovaquie
38 **SÉLECTIONS**
10 **BUTS**

Malgré son jeune âge, Szoboszlai s'est déjà imposé comme capitaine de l'équipe de Hongrie, un pays dont il a été deux fois le joueur le plus cher de l'histoire. La première fois, il a coûté 20 M€ au RB Leipzig lorsqu'il a quitté Salzbourg pour la Bundesliga ; la seconde, Liverpool a dû débourser 70 M€ pour l'attirer en Premier League l'année suivante.

Ces transferts sont venus confirmer les louanges reçues par Szoboszlai lorsqu'il était adolescent. Il a été capitaine de la sélection hongroise M17 alors qu'il avait seulement 15 ans, et en janvier 2020, il a intégré la liste des « 50 joueurs à suivre » publiée par UEFA.com.

Né dans la ville historique de Székesfehérvár, Szoboszlai a été formé dans les clubs hongrois de Fehérvár, Főnix Gold et MTK, puis en Autriche à Liefering, un club satellite de Salzbourg.

Il fait ses débuts en Bundesliga autrichienne à 17 ans puis connaît une ascension stratosphérique qui le voit désigné comme le meilleur joueur du championnat. Szoboszlai rejoint ensuite Leipzig en 2021 et aide le club à remporter le premier succès majeur de son histoire, la Coupe d'Allemagne 2022. Un an plus tard, il est recruté par Liverpool.

Szoboszlai évoluait encore à Salzbourg lorsqu'il a honoré sa première sélection (marquée de son premier but) en équipe senior de la Hongrie. Par la suite, il inscrirait le but de la victoire en prolongation de son barrage contre l'Islande pour arracher une qualification à l'UEFA EURO 2020. Une blessure l'a malheureusement privé de la phase finale. La Hongrie n'est pas parvenue à se qualifier pour la Coupe du monde de la FIFA au Qatar : l'EURO 2024 devrait donc être l'occasion pour le jeune capitaine de disputer enfin une compétition internationale majeure.

À DROITE : Dominik Szoboszlai espère se rattraper de l'EURO 2020 manqué sur blessure

VIRGIL VAN DIJK

À l'UEFA EURO 2024, Virgil van Dijk va tenter de rattraper le temps perdu sur la scène continentale. Il a honoré sa première sélection en 2015, mais les Pays-Bas ne se sont pas qualifiés pour l'EURO 2016, puis une blessure au genou l'a privé de l'EURO 2020.

POSTE : défenseur
CLUB : Liverpool (ANGLETERRE)
NAISSANCE : 8 juillet 1991
1re SÉLECTION :
10 octobre 2015 contre le Kazakhstan
64 **SÉLECTIONS**
7 **BUTS**

Leader d'équipe et patron de la défense, van Dijk a remporté une série de trophées en Écosse et en Angleterre, depuis qu'il a lancé sa carrière à Groningue. Sacré deux fois champion et vainqueur de la Coupe de la Ligue écossaise avec le Celtic, il a ensuite franchi la frontière pour rejoindre Southampton, puis Liverpool à partir de janvier 2018.

Les *Reds* ont payé 84 M€, ce qui, à l'époque, faisait de van Dijk à la fois le défenseur le plus cher, mais aussi le Néerlandais le plus cher de l'histoire. Depuis, van Dijk a largement remboursé cet investissement.

Le partenariat avec le club d'Anfield a atteint une apothéose en 2019, lorsque Liverpool a remporté tous les trophées internationaux : UEFA Champions League, Super Coupe de l'UEFA et Coupe du monde des clubs de la FIFA. La saison suivante, van Dijk aidait les *Reds* à remporter un titre de champion d'Angleterre qui leur échappait depuis 30 ans. Sans surprise, il a été élu joueur de l'année par l'UEFA et par la Premier League.

Van Dijk a représenté les Pays-Bas en M19 ainsi qu'en Espoirs, avant d'être convoqué en équipe senior en 2014. Il lui aura cependant fallu attendre l'année suivante pour honorer sa première sélection, contre le Kazakhstan en éliminatoires de l'EURO.

En 2018, van Dijk a été nommé capitaine par son sélectionneur Ronald Koeman, mais il a dû patienter quatre ans avant de mener les *Oranje* à un tournoi majeur, la Coupe du monde de la FIFA 2022. Au Qatar, ils sont passés tout près de se qualifier pour les demi-finales, avant de s'incliner aux tirs au but contre l'Argentine.

À DROITE : Virgil van Dijk a été sacré champion d'Europe en remportant l'UEFA Champions League avec Liverpool en 2019

GRANIT XHAKA

Granit Xhaka est l'un des neuf joueurs suisses à avoir franchi la barre des 100 sélections, au cours d'une carrière exceptionnelle qui l'a vu sacrer champion du monde M17 et tenir un rôle central pour la *Nati* dans les tournois internationaux depuis une décennie.

POSTE : milieu de terrain
CLUB : Bayer Leverkusen (ALLEMAGNE)
NAISSANCE : 27 septembre 1992
1re SÉLECTION :
4 juin 2011 contre l'Angleterre
121 **SÉLECTIONS**
14 **BUTS**

Xhaka a ouvert son compteur international en 2009 à la Coupe du monde U-17 de la FIFA, où la Suisse a battu le Nigeria pays hôte 1-0 en finale. Il a honoré sa première sélection seulement deux ans plus tard.

Né à Bâle, Xhaka est l'un des deux fils internationaux de parents albanais Kosovars. Granit a décidé de représenter la Suisse, tandis que son frère aîné Taulant a opté pour l'Albanie. Les deux frères se sont d'ailleurs affrontés en sélection à l'EURO 2016, lorsque la Suisse de Granit s'est imposée 1-0 à Lens.

Xhaka était déjà un joueur cadre de la Suisse aux Coupes du monde de la FIFA 2014 et 2018, ainsi qu'à l'EURO 2016 et 2020. Il a fêté sa 100e sélection lors d'un match amical contre le Kosovo en mars 2022.

Que ce soit en club ou en sélection, Xhaka a gagné la réputation d'être un milieu de terrain particulièrement engagé, ce qui lui a valu d'être nommé deux fois joueur suisse de l'année.

Après avoir tapé ses premiers ballons au Concordia Basel, il a rejoint le centre de formation du FC Bâle en janvier 2003. Moins de sept ans plus tard, il marquait son premier but en UEFA Champions League, lors d'un match de qualification contre Debrecen. En deux saisons, il a été sacré deux fois champion et a remporté la Coupe de Suisse, avant de partir en Allemagne pour rejoindre le Borussia Mönchengladbach en 2012.

Ses qualités de leadership lui ont permis d'être nommé capitaine, avant de s'engager pour Arsenal en 2016. Au cours de ses sept années à Londres, il a étoffé son palmarès avec deux titres en FA Cup, puis il a regagné l'Allemagne pour s'engager auprès du Bayer Leverkusen en 2023.

À DROITE : Granit Xhaka a amassé des trophées en clubs aussi bien en Suisse qu'en Angleterre

EURO2024 GERMANY

2021

Moments magiques :
DONNARUMMA DÉTERMINANT

11 juillet 2021/Wembley

124 L'Italie a été sacrée deux fois championne d'Europe, deux titres remportés avec un sang-froid exemplaire. En 1968, les *Azzurri* ont battu la Yougoslavie dans une finale rejouée ; à l'UEFA EURO 2020 ils se sont imposés aux tirs au but en demi-finale contre l'Espagne comme en finale face à l'Angleterre devant son public à Wembley. Après les buts de Luke Shaw dès l'entame et de Leonardo Bonucci en seconde période, les deux équipes ne sont pas parvenues à se départager à l'issue de la prolongation. Dans la séance des tirs au but, l'Italie a été menée 2-1 avant que son gardien Gianluigi Donnarumma ne change la donne. Les parades du portier de 22 ans face à Jadon Sancho et Bukayo Saka ont permis aux joueurs de Roberto Mancini de s'imposer 3-2. Avec trois matches sans encaisser de but, neuf arrêts et seulement quatre buts concédés au cours de ses sept matches dans cette phase finale, Donnarumma a été désigné meilleur joueur du tournoi par l'équipe des observateurs techniques de l'UEFA.

À DROITE : les joueurs italiens entourent leur gardien triomphant Gianluigi Donnarumma après sa parade sur le cinquième et dernier tir au but de l'Angleterre en finale de l'UEFA EURO 2020 à Wembley

12

TABLEAU À COMPLÉTER DE L'UEFA EURO 2024

Remplissez les résultats de match ci-dessous à mesure que le tournoi avance. Horaires des coups d'envoi en heure locale (HEC, soit UTC+2) et sujets à changements.

GROUPE A

14 juin, 21 heures	Allemagne	5	1	Écosse	Munich
15 juin, 15 heures	Hongrie	1	3	Suisse	Cologne
19 juin, 18 heures	Allemagne	2	0	Hongrie	Stuttgart
19 juin, 21 heures	Écosse	1	1	Suisse	Cologne
23 juin, 21 heures	Suisse	1	1	Allemagne	Francfort
23 juin, 21 heures	Écosse	0	1	Hongrie	Stuttgart

	Équipes	J	V	N	D	Dif	Pts
1	allemagne	3	2	1	0	6	7
2	suisse	3	1	2	0	2	5
3	hongrie	3	1	0	2	-3	3
4	écosse	3	0	1	2	-5	1

GROUPE D

16 juin, 15 heures	Barragiste A pologne	1	2	Pays-Bas	Hambourg
17 juin, 21 heures	Autriche	0	1	France	Düsseldorf
21 juin, 18 heures	Barragiste A Pologne	1	3	Autriche	Berlin
21 juin, 21 heures	Pays-Bas	0	0	France	Leipzig
25 juin, 18 heures	Pays-Bas	1	2	Autriche	Berlin
25 juin, 18 heures	France	1	1	Barragiste A Pologne	Dortmund

	Équipes	J	V	N	D	Dif	Pts
1	pays-bas	3	1	1	1		4
2	france	3	1	2	0		5
3	autriche	3	2	0	1		7
4	pologne	3					1

GROUPE B

15 juin, 18 heures	Espagne	3	0	Croatie	Berlin
15 juin, 21 heures	Italie	2	1	Albanie	Dortmund
19 juin, 15 heures	Croatie	2	2	Albanie	Hambourg
19 juin, 21 heures	Espagne	1	0	Italie	Gelsenkirchen
24 juin, 21 heures	Albanie	0	1	Espagne	Düsseldorf
24 juin, 21 heures	Croatie	1	1	Italie	Leipzig

	Équipes	J	V	N	D	Dif	Pts
1	Espagne	3	2	0	0	6	6
2	Italie	3	1	0	1	0	3
3	croatie	3	1	0	1	-1	1
4	albanie	3	0	0	2	-5	1

GROUPE E

17 juin, 15 heures	Roumanie	3	0	Barragiste B UKRAINE	Munich
17 juin, 18 heures	Belgique	0	1	Slovaquie	Francfort
21 juin, 15 heures	Slovaquie	1	2	Barragiste B UKRAINE	Düsseldorf
22 juin, 21 heures	Belgique	2	0	Roumanie	Cologne
26 juin, 18 heures	Slovaquie	1	1	Roumanie	Francfort
26 juin, 18 heures	Barragiste B UKRAINE	0	0	Belgique	Stuttgart

	Équipes	J	V	N	D	Dif	Pts
1	Roumanie	3	1	1	1		4
2	Belgique	3	1	1	1		4
3	Slovaquie	3	1	1	1		4
4	Ukraine	3	1	1	1		4

GROUPE C

16 juin, 18 heures	Slovénie	1	1	Danemark	Stuttgart
16 juin, 21 heures	Serbie	0	1	Angleterre	Gelsenkirchen
20 juin, 15 heures	Slovénie	1	1	Serbie	Munich
20 juin, 18 heures	Danemark	1	1	Angleterre	Francfort
25 juin, 21 heures	Angleterre	0	0	Slovénie	Cologne
25 juin, 21 heures	Danemark	0	0	Serbie	Munich

	Équipes	J	V	N	D	Dif	Pts
1	angleterre	2	1	1	0	1	4
2	danemark	2	0	2	0	0	2
3	slovénie	2	0	2	0	0	2
4	serbie	2	0	1	1	-1	1

GROUPE F

18 juin, 18 heures	Turquie	3	0	Barragiste C Géorgie	Dortmund
18 juin, 21 heures	Portugal	2	1	Tchéquie	Leipzig
22 juin, 15 heures	Barragiste C Géorgie	1	1	Tchéquie	Hambourg
22 juin, 18 heures	Turquie	3	0	Portugal	Dortmund
26 juin, 21 heures	Barragiste C Géorgie	2	0	Portugal	Gelsenkirchen
26 juin, 21 heures	Tchéquie	1	2	Turquie	Hambourg

	Équipes	J	V	N	D	Dif	Pts
1	Portugal	3	2	0	1		6
2	Turquie	3	2	0	1		6
3	Géorgie	3	1	1	1		4
4	Tchéquie	3	0	1	2		1

HUITIÈMES DE FINALE

29 juin, 21 heures, match 37, Dortmund

Vainqueur du Groupe A — 2e du Groupe C

Allemggne ☐ - ☐ Danemark

29 juin, 18 heures, match 38, Berlin

2e du Groupe A — 2e du Groupe B

Suisse ☐ - ☐ Croatie

30 juin, 21 heures, match 39, Cologne

Vainqueur du Groupe B — 3e des Groupes A/D/E/F

Espagne ☐ - ☐ Hongrie, [illegible]

30 juin, 18 heures, match 40, Gelsenkirchen

Vainqueur du Groupe C — 3e des Groupes D/E/F

Angleterre ☐ - ☐

1er juillet, 21 heures, match 41, Francfort

Vainqueur du Groupe F — 3e des Groupes A/B/C

☐ - ☐

1er juillet, 18 heures, match 42, Düsseldorf

2e du Groupe D — 2e du Groupe E

☐ - ☐

2 juillet, 18 heures, match 43, Munich

Vainqueur du Groupe E — 3e des Groupes A/B/C/D

☐ - ☐

2 juillet, 21 heures, match 44, Leipzig

Vainqueur du Groupe D — 2e du Groupe F

☐ - ☐

QUARTS DE FINALE

5 juillet, 18 heures, match 45, Stuttgart

Vainqueur du match 39 — Vainqueur du match 37

☐ - ☐

5 juillet, 21 heures, match 46, Hambourg

Vainqueur du match 41 — Vainqueur du match 42

☐ - ☐

6 juillet, 21 heures, match 47, Berlin

Vainqueur du match 43 — Vainqueur du match 44

☐ - ☐

6 juillet, 18 heures, match 48, Düsseldorf

Vainqueur du match 40 — Vainqueur du match 38

☐ - ☐

DEMI-FINALES

9 juillet, 21 heures, match 49, Munich

Vainqueur du match 45 — Vainqueur du match 46

☐ - ☐

10 juillet, 21 heures, match 50, Dortmund

Vainqueur du match 47 — Vainqueur du match 48

☐ - ☐

FINALE DE L'UEFA EURO 2024

14 juillet, 21 heures, Berlin

☐ - ☐

Buteurs — Buteurs

Homme du match

CRÉDITS PHOTOS

Les éditeurs souhaitent remercier les sources suivantes pour leur permission de reproduire les photographies dans cet ouvrage. (H : haut, B : bas, G : gauche, D : droite)

ALAMY
AP 18-19

COLORSPORT
56-57

GETTY IMAGES
ANP 39 ; Severin Aichbauer/SEPA.Media 73B ; Jose Manuel Alvarez/Quality Sport Images 100D ; Anadolu Agency 26B, 100G ; Athena Pictures 72B ; Mikolaj Barbanell/SOPA Images/LightRocket 102G ; Lars Baron 17H, 108 ; Serhat Cagdas/Anadolu Agency 96G ; Jean Catuffe 22B ; Matteo Ciambelli/DeFodi Images 109 ; Emmanuele Ciancaglini/Ciancaphoto Studio 110 ; Reinaldo Coddou H. 13H ; Seb Daly/Sportsfile 74D, 98B ; Elianton/Mondadori Portfolio 52D, 53 ; Stu Forster/Allsport/Hulton Archive 92-93 ; Foto Olimpik/NurPhoto 24H ; Stuart Franklin 14H, 16B ; Sebastian Frej/MB Media 25H, 42G, 116, 121 ; Nigel French/Sportsphoto/Allstar 40D ; Jürgen Fromme/firo sportphoto 38G ; James Gill/Danehouse 51 ; Markus Gilliar/GES Sportfoto 38D ; Laurence Griffiths 124-125 ; Georg Hochmuth/APA/AFP 77 ; Isosport/MB Media 24B ; Gilbert Iundt/Corbis/VCG 68-69 ; Zed Jameson/MB Media 101 ; Mohammad Karamali/DeFodi Images 118 ; Attila Kisbenedek/AFP 43 ; Joe Klamar/AFP 114-115 ; Jurij Kodrun 25B ; Christof Koepsel 15H ; Igor Kralj/Pixsell/MB Media 96D ; Harry Langer/DeFodi Images 17B, 45, 123 ; Miroslav Lelas/Pixsell/MB Media 23B ; Christian Liewig/Corbis 79 ; Ross MacDonald/SNS Group 22H ; Marcio Machado/Eurasia Sport Images 26H, 44G, 44D ; Jure Makovec/AFP 99H ; Charles McQuillan 60D ; Pedja Milosavljevic/DeFodi Images 65 ; Dean Mouhtaropoulos 15B ; Jonathan Nackstrand/AFP 76G ; Nesimages/Michael Bulder/DeFodi Images 119 ; Alex Nicodim/NurPhoto 91B, 99B ; Rene Nijhuis/BSR Agency 75 ; Ulrik Pedersen/DeFodi Images 63 ; Ryan Pierse 41 ; Popperfoto 32-33 ; Joe Prior/Visionhaus 67 ; Manuel Queimadelos/Quality Sport Images 49 ; Carlos Rodrigues 120 ; Rafal Rusek/PressFocus/MB Media 55 ; Frederic Scheidemann 11 ; Alexander Scheuber 13B ; Richard Sellers/Sportsphoto/Allstar 23H, 112 ; Mateusz Slodkowski 103 ; Igor Soban/Pixsell/MB Media 117 ; Catherine Steenkeste 78D ; Marco Steinbrenner/DeFodi Images 86D ; Boris Streubel 111 ; TF-Images/DeFodi Images 14B ; Marcel ter Bals/BSR Agency 122 ; Bob Thomas Sports Photography 80-81 ; Joris Verwijst/BSR Agency 84D, 85 ; James Williamson/AMA 102D ; Charlotte Wilson/Offside 40G

SHUTTERSTOCK
xalien 12

UEFA
Reinaldo Coddou H. 6 ; Stuart Franklin 30-31 ; Oliver Hardt 98H ; Alexander Hassenstein 74G, 84G ; Christian Hofer 86G, 87 ; Richard Juilliart 7 ; Jurij Kodrun 50G, 50D, 60G, 61 ; Aurelien Meunier 78G, 113 ; Alex Morton 10, 104-105 ; Valerio Pennicino 66G, 66D ; Tullio Puglia 52G, 54G, 54D. 62G, 62D, 73H, 76D, 97 ; Mark Runnacles 48G, 48D ; Francesco Scaccianoce 88G, 88D ; Srdjan Stevanovic 42D, 64G, 64D ; Boris Streubel 72H ; Sebastian Widmann 16H

Nous nous sommes efforcés de créditer correctement et de contacter la source et/ou le détenteur de droit de chaque photographie. Toute erreur ou omission potentielle sera rectifiée dans les futures rééditions de cet ouvrage.